现代职业教育研究丛书

崔景贵　夏东民◎主编

U0735232

地方政府职业教育领导力研究

董存田　等◎著

知识产权出版社

全国百佳图书出版单位

图书在版编目（CIP）数据

地方政府职业教育领导力研究/董存田等著. —北京：知识产权出版社，2015.3
ISBN 978 – 7 – 5130 – 3217 – 9

Ⅰ.①地… Ⅱ.①董… Ⅲ.①地方教育—职业教育—研究—中国 Ⅳ.①G719.2

中国版本图书馆 CIP 数据核字（2014）第 283397 号

内容提要

基于作者所承担的教育部人文社会科学规划基金项目"新型城镇化背景下的现代职业
教育体系管理机制创新研究"（14YJA880015）工作，通过对以江苏为主的典型区域经济、
教育、产业和文化的调查研究，分析我国新型城镇化进程中职业教育环境的变化趋势，探
求现代职业教育体系建设的重点任务、路径选择和实现方式。通过描述、解析、阐释、筛
选、优化、赋值和统计，对地方政府职业教育领导力的内涵进行解析，开发了地方政府职
业教育领导力模型。运用模型对教育主管部门、职业学校就地方政府职业教育领导力现状
进行调查，获取各相关方对地方政府职业教育领导力相关要素的评价意见和事实举证，并
对职业教育成就与地方政府领导力的因果关系进行分析。藉此，提出模型在地方政府职业
教育领导者的选拔培养、实践反思、知识积累和能力提升中的应用策略。

责任编辑：冯 彤　　　　　　　　**责任校对：董志英**
　　　　　　　　　　　　　　　　　　责任出版：刘译文

地方政府职业教育领导力研究

董存田　等著

出版发行：	知识产权出版社有限责任公司	网　　址：	http://www.ipph.cn
社　　址：	北京市海淀区马甸南村1号	邮　　编：	100088
发行电话：	010-82000860 转 8101/8102	发行传真：	010-82000893/82005070/82000270
责编电话：	010-82000860 转 8386	责编邮箱：	fengtong@cnipr.com
印　　刷：	北京科信印刷有限公司	经　　销：	各大网上书店、新华书店及相关销售网点
开　　本：	787mm×1092mm 1/16	印　　张：	12
版　　次：	2015 年 3 月第 1 版	印　　次：	2015 年 3 月第 1 次印刷
字　　数：	214 千字	定　　价：	38.00 元

ISBN 978-7-5130-3217-9

　　本书是教育部人文社会科学规划基金项目"新型城镇化背景下的现代职业教育体系管理机制创新研究"（14YJA880015）成果。

　　本书出版得到江苏省哲学社会科学重点研究基地——江苏理工学院职业教育研究院的支持。

序　言

当前我国正处于转型发展、创新驱动的新的历史转折期，推进国家治理体系和治理能力的现代化已是历史的必然，其中，各级管理干部队伍作为治理的中坚力量，其自身素质和能力的高低对实践治理现代化起关键性作用，这一点是不言自明的。

早在改革开放初期，面对党的工作重心的转移，邓小平同志就提出了干部队伍建设要遵循"革命化、年轻化、知识化、专业化"的"四化"原则。教育战线像其他各行各业一样，随着发展重点转向质量提升和结构优化，管理干部专业化水平和综合创新能力成为现代领导力的构成核心。

江苏理工学院董存田教授及其研究团队，急职业教育治理之急，选择了"地方政府职业教育领导力"这一问题深入研究，极有意义。

本项研究有以下几个鲜明的特点。

1. 理论构建坚持人的全面发展的原则。针对地方政府管理干部这一特定人群的素质研究，围绕管理岗位的决策、执行、保障、监控、创新五大标志性职业行为的行动能力分析，进一步深入到人的内心的思想、心理、品质、能力范畴研究，外强而内圣，从而实现对人的全面的发展性研究，彰显了以人为本的理念，更好地体现了领导力研究的科学性和深刻性。

2. 本课题又是一项实证性研究，针对地方政府领导职业教育面临的一些重大实践问题，例如，产教融合、农村职业教育发展、中高职衔接体系建设等问题，把通用性的职业行动能力转化为破解这些实际问题的实践能力和创新能力，从而实现治国理天下之能力的飞跃。研究过程对全国多个省份职业教育治理的利益相关者进行了实地调查和验证，体现了理论和实践的统一。

3. 课题特选"地方政府"这一层级的治理研究，更表明了课题研究者

"亲基层""接地气"的学术倾向，在当代，这是值得倡导和欢迎的。

董存田教授本是学科专家出身，有深厚的学术造诣，后又走上行政管理岗位，积累了丰富的社会实践经验，两个长处结合，更彰显优势和特色。在他又一个研究力作出版之际，谨表祝贺。

国家教育咨询委员会委员

中国职业技术教育学会副会长

2014.9

前　言

　　"加快现代职业教育体系建设，深化产教融合、校企合作，培养高素质劳动者和技能型人才"（《中共中央关于全面深化改革若干重大问题的决定》）是我国"新四化"建设的客观需要，其目的是"创造更大人才红利"，要求职业教育的发展必须体现"加快""现代"的精神，必须实现"具有中国特色、世界水平"的目标（《国务院关于加快发展现代职业教育的决定》）。而职业教育作为基本公共服务需要由政府主导，地方政府职业教育领导力起着重要作用。因此，大力加强地方政府职业教育领导力建设，解决"地方行政领导者推动改革创新能力不强"（源自教育部权威解读《中等职业教育改革创新行动计划（2010—2012 年)》）的问题，至关重要。

　　政府领导力是政府能力的综合体现，是政府有效地运用各种社会资源与手段作用于领导客体与环境，以实现既定目的所具备的能力。政府领导力外显于政府在领导活动中所采用的战略措施或行为方式、所借重的社会基础和公共资源、所产生的实际效果和民众体验等。政府领导表现为"领导"和"管理"两种方式，领导是政府活动中具战略性、支配性、主导性和决定性的因素；而管理是领导的具体化，反映的是公共行政权力的行使，主要是政府提供公共物品与公共服务的作为。政府领导力具有多层次、多向度的特征，它受政府领导环境、领导体制、行政文化的制约，同时，也受到领导和管理的客体以及公众的认同程度的影响。

　　政府职业教育领导力是一种专业领导力，必须充分认识职业教育工作的专业性，尊重和敬畏职业教育特殊规律，明察和直面职业教育面临的生态环境。政府职业教育领导力重点显现在职业教育发展统筹规划能力、职业教育公共政策设计能力以及职业教育公共事务治理能力。地方政府职业教育领导力是通过政府主要领导以及各级教育行政管理者和领导者共同实现的。领导者的个人素质和团队素质是领导力发挥的关键，需要有一套关于领导者领导理念、领导能力、领导作风、知识结构、专业素养和品格修养的提升策略。

笔者及课题组承担了教育部人文社会科学规划基金项目"新型城镇化背景下的现代职业教育体系管理机制创新研究"（14YJA880015）任务，通过对典型区域城镇化现状的考察，预判我国新型城镇化的趋势，探求现代职业教育体系建设的路径选择和实现方式；通过抽样和典型调查，对地方政府职业教育领导力的内涵进行解析，运用层次分析法建立了地方政府职业教育领导力结构模型；运用模型对地方政府职业教育领导力状况进行了调查，进而对职业教育成就与地方政府领导力的因果关系进行了分析；提出了提高地方领导者职业教育领导力的策略。

本书是集体成果，不仅汇聚了课题组全体成员的辛劳和智慧，也得到了许多同行专家的指导，更有大批接受调查访问的职业教育相关者的贡献。感谢在课题论证中给予指点和修正的各位专家，他们是第一轮论证：杨湘宁厅长、尹伟民处长、马能和所长、徐萍处长和冯志军秘书长；第二轮论证：石伟平教授、马庆发教授、吴康宁教授、周稽裘教授、汤生玲教授、邓泽民教授。感谢对评价模型给予指导和赋值的各位专家，他们是：周稽裘、杨湘宁、翟海魂、石伟平、马庆发、吴康宁、汤生玲、楼世洲、邓泽民、孙景余、李香兰、尹伟民、陈建华、徐萍、刘进、任俊、陈庆和、夏东民、施步洲、王明伦、庄西真、朱新生、贺文瑾、崔景贵、胡维芳、谭明、张青海、井绍平、陈晓雪、张忠寿、程树铭等诸位先生；感谢接受访谈和问卷调查的江苏省各市教育局、各县（区、市）教育局相关领导为课题提供了丰富的研究资料；感谢江苏省各职业中学（中专、技校）以及江苏、山东、新疆生产建设兵团、湖南、安徽部分中学校师生、部分企业及职工对我们的调查、访谈给予的积极应答；感谢吴玉峰、彭明成、束强、吴济慧、高凯、邵丽珍、石琪等同志对本课题给予的帮助。

本书由董存田主撰，马建富、张胜军、朱军、王志华、董晓英、黄瑞玲等分别承担了相关部分的执笔工作，王建东、许明、吴如林、周鸿斌等提供了典型案例，徐媛媛、陈雪平、许悦、崔伟、薛燕等参加了写作，他们各自的贡献分别标识在相关章节。笔者的研究能力和写作水平有限，敬期同行专家和读者批评指正！

本书出版得到江苏省哲学社会科学重点研究基地江苏理工学院职业教育研究院资助。国家督学、中国职业技术教育学会副会长周稽裘先生为本书作序。特致谢忱！

董存田

2014.9

目　录

第一章

地方政府职业教育领导力背景研究

地方政府职业教育领导力的提升具有历史和现实背景。我国的职业教育发展进入了"加快"和"现代"的阶段，这对于深入实施创新驱动发展战略，创造更大人才红利，加快转方式、调结构、促升级具有十分重要的意义。国内外的研究和实践，为地方政府职业教育领导力提升研究提供了理论依据和经验基础。

第一节　地方政府负有职业教育发展的重大责任

教育是立国之本，当今世界各国无不重视发展教育，无不看重政府的教育责任。受教育权是一项基本人权，保障公民的受教育权，是现代国家政府合法性存在的基础；同时，教育公共性的内在品质，进一步强化了政府的教育责任。职业教育作为教育的一个重要而特殊的门类，因其对社会经济发展的显性与直接的作用，也因其事实上所处较弱势地位，更需要地方政府强有力的领导力来保障。这其中包含政府的政策、职能，也包含政府领导者的素质和能力。

一、地方政府在职业教育发展中的主导作用

改革开放以来，我国职业教育实行的是"地方政府主导型"的教育管理体制，地方政府是职业教育发展的行政管理主体，各级政府从国家、省、市、县的教育行政主管部门中均设立主管职业教育的机构（如国家教育部的职业

教育与成人教育司、省教育厅职业与成人教育处、市教育局的职成教处、县教育局职成教科等）统筹管理，以落实上级主管部门职业学校学历教育、编制职业的专业目录和教学指导文件、制定教学评估标准并指导实施工作、指导职业教育教学改革和教材建设、指导社会力量举办各类职业教育学校的工作以及职业资格证书考试等诸多职业教育重要工作，在协调职业教育发展中发挥了重要作用。2014 年国务院《关于加快发展现代职业教育的决定》更进一步明确：“发挥好政府保基本、促公平作用，着力营造制度环境、制定发展规划、改善基本办学条件、加强规范管理和监督指导等。”必须明确地方政府对职业教育的统筹职责，切实承担起发展职业教育的责任。这主要由以下几方面决定。

1. 职业教育的属性决定了职业教育事业需要政府统筹

根据公共部门经济学理论，政府的基本职能和应尽责任就是向全体国民提供公共服务，公共服务的非竞争性决定了其只能由非营利性组织承担，构建基本公共服务体系是政府转变职能的重要方面。这就要求科学界定政府职能与市场功能的边界，准确区分公共服务与非公共服务、基本公共服务与一般性公共服务。通常而言，那些具有公共产品性质的社会服务项目依靠市场机制难以实现充分供给，是应该由政府提供的一般性公共服务，如基本公共服务之外的公共交通、城乡基础生活设施等。政府对一般性公共服务负有责任，但提供方式可以有多种形式，有些需要政府直接提供，有些则可以通过政府购买、特许经营、委托代理、服务外包等形式由企业、行业组织、民办组织或社会中介机构提供。而那些确保人人享有基本生活保障的内容则属于基本公共服务，虽然可以有各种提供方式，但给付责任在政府。

教育属于典型的公共服务，义务教育应当是典型基本公共服务，先进国家将职业教育列入基本公共服务已经成为国力提升的公开秘密。因此政府必须通过国家预算开支担负职业教育发展的主要责任。另一方面，职业教育的生存与发展离不开一定的物质、人力和财政资源的供给，职业教育发展规划的制定和推行、职业教育及其相关法规的制定和执行、职业教育发展政策的制定和推行、职业教育及其相关制度的制定和实施，只有政府具有这样的能力。

2. 职业教育的现状决定了职业教育的发展需要政府主导

几十年来，我国职业教育之所以取得较为显著的成就，关键在于有政府的主导。除“文革”这一特殊历史阶段，职业教育发展的各个时期，无论实行怎样的管理模式，各级政府都有相关教育行政职能部门为政府实施对职业教育的协调管理提供了组织保证。在职业教育发展规划的制定和实施、职业教育培养目标的确定、体系的构建、管理体制和领导体制的建立、办学行为的规范方面，在职业教育与国民经济的结合、职业教育与其他类型教育的衔接方面，特别是经济体制转型期，在理顺政府、学校、企业及社会的关系、职业教育深化改革和发展上，都依赖于政府的支持和协调，是任何其他组织和个人力所不及的。《职业教育法》颁布后，更加明确了"县级以上地方各级人民政府应当加强对本行政区域内职业教育工作的领导、统筹、协调和督导评估"的责任。而在各政府层级中，县级政府主办职业教育但只是制度的执行者而非制定者，而省（包括直辖市）、市政府和一些具有政府委托行政管理职能的行业组织是主管各类不同层次和种类公立职业学校的主体，比如，省级政府主管高等职业教育，市级政府主管中等职业教育。

3. 职业教育政策的推行决定了发展职业教育是政府的职责

在职业教育发展过程中，政府制定和推行的职业教育政策及其相关政策，具有促进职业教育发展的协调作用。职业教育事业是一个庞大的系统工程，组成这个系统的各个要素之间存在着各种各样的关系和结构。除此之外，职业教育系统还与教育母系统、社会系统之间无时不在发生着复杂的物质、信息、能量的交换关系，它们之间有时是"相得益彰"的，有时却是有矛盾冲突的，甚至表现异常激烈。职业教育政策及其相关政策之所以具有协调功能，是因为职业教育政策是有关职业教育的权利和利益的具体体现，作为利益的"显示器"和"调节器"，只有政府推行的职业教育政策才具有卓越的协调功能，这也是由职业教育政策及其相关政策的本质属性所决定的。

鉴于政府不仅承担着对职业教育的领导职责，也承担着重大的管理职责，因此，政府的职业教育领导者的综合素质和专业化水平对一个地区职业教育事业的发展起着重要作用。

二、地方政府在职业教育发展中的责任界限

地方政府在教育尤其是职业教育发展中负有主要责任，已有共识，但我们能否一味地夸大政府的责任？政府应在多大范围、什么程度上承担怎样的责任？

1. 地方政府教育责任的有限性

尽管地方政府对教育发展负有重大责任，但并不能因此而任意放大政府的教育责任。善治理念下的现代政府，究其本质是"有限政府"，其教育责任必

然有限；同时，社会经济发展的历史制约性以及教育产品属性的相对性，也使政府只能在一定范围内承担教育责任。

（1）"有限政府"与政府的有限责任。"有限政府"理论以霍布斯、斯宾诺莎的自然状态下"人性恶论"为思想基础，以洛克的自然权利理论、社会契约理论和分权制衡理论为核心，被孟德斯鸠、休谟、卢梭、哈耶克、布坎南等完善和发展。其核心思想是：从权利来源上，表明政府是个人权利的部分让渡和社会缔约的结果，政府负有保护人民权利的义务；政府是一种"必要的恶"，为保障人民权利不受政府行为的侵害，有必要对政府权力加以约束和限制，即政府权力是有限的。

"有限政府"是与"全能政府"相对应的分析范畴。"全能政府"是一个高度集权、泛政治化的政府。"全能政府"通过政治国家自上而下和自下而上的社会全面控制，使政府及其政治权力无所不能、无所不在。而"有限政府"则是一种职能、权力、规模和责任有限的政府，具有如下含义：①政府职能有限。政府的职能严格限定在政治性公共领域，其主要职能在于维护公共利益；②政府权力有限。政府须依法行政，其行为不得凌驾于宪法和法律之上；③政府规模有限。它是一个办事机构精简、人员精干、办事高效的"小政府"，须抓大放小，"有所为，有所不为"；④政府责任有限。政府有责任保障人民的基本权力，但并不承担公民生存和发展的无限责任。公民在享受自由和权利的同时，须承担相应的风险和责任。

"有限政府"理论对我们思考政府的教育责任问题，至少带来如下几点启发：①教育属于公共事务，政府对教育发展负有重大责任；②虽然政府对教育发展负有重大责任，但这种责任不是无限的，而是有其边界划分的；③政府履行教育责任的方式应是抓大放小、"有所为，有所不为"。因此，政府不是"划桨人"而是"掌舵人"，应从宏观上加强教育调控能力，承担教育发展的基本责任；④公民个人和社会组织在主张和实现自己教育的权益同时，也应履行相应义务。

（2）地方政府教育责任的历史制约性。地方政府对教育承担的责任，受制于一定社会的经济发展水平。从教育与经济的关系看，经济是基础，教育是建立在经济基础之上的上层建筑，经济发展水平从根本上决定了教育的发展水平。教育总体上是一项消费性的公益事业，在特定的历史时期，政府只能在其公共财政能力许可的范围内承担责任。无论纵观世界教育发展历史，还是横向比较当今世界各国的教育改革实践，即便是教育发展水平较高的西方经济发达国家，政府也仅在一定范围内承担教育责任。

教育只是政府承担的公共事务之一，像医疗、交通、国防、救灾等，也是政府必须保障的公共事务。有限的公共财力，需要在不同公共事务之间进行合理分配，因此，任何政府都无力包办全部教育。"教育政府"意在褒奖政府重视教育，绝不是说教育是政府的唯一事务。

教育的本质是"育人"。人的培养是一项复杂的系统工程、社会工程，需要全社会共同努力。当前，我国经济尚不够发达，且教育规模庞大，政府对教育的公共财政投入能力还存在明显不足，只能优先保障义务教育的发展。当然，我们相信，随着国家经济实力的增强，政府将会在更大程度上承担教育责任，这也是社会公正对政府责任的必然诉求。但是，我们也应清醒地认识到，教育资源尤其是优质教育资源总是相对稀缺，受一定历史时期的经济发展水平制约，单一的政府将始终无法解决教育的有效供给问题，它只能在自身的职责和能力范围内承担有限责任。

（3）教育产品属性的相对性影响政府的教育责任范围。教育产品是指教育部门和教育单位所提供的产品，这种产品又称教育服务。"教育是公共产品"是一个流行的观点，人们常常以此为依据，推演出政府对教育的"无限责任"。

其实，并非全部的教育产品都是公共产品。即使按照经济学上的公共产品理论，也可以根据一定的标准，如①教育产品的外部性；②教育产品的提供方式；③教育产品的消费特征等，把全部的教育产品划分为三种基本类型：公共产品、准公共产品和私人产品。这三种产品的公益性和私益性占比不同，社会对其外部性评价也不同，因此，政府也毋须对这三种教育产品的供给承担全部责任。况且，在市场经济条件下，单一的政府供给行为，通常也是一种低效行为。

教育既非一般的公共产品，也非一般的私人产品。一方面，不存在纯粹意义上的"教育公共产品"。任何性质、任何形式的教育，都要以一定的受教育者为对象。教育是一个矢量。对单一的教育对象而言，不管接受的是普通教育，还是职业教育，也不管这种教育由谁提供、以什么形式、在什么层次上开展，都是一个"社会个性化"的过程，对个体的身心健康及其生存和发展都是有益的。此外，实际教育过程不可避免地存在竞争性和排他性，正是在这种意义上，公共经济学权威阿特金森和斯蒂格利茨认为教育是"公共供应的私人产品"。教育产品天然具有的私人属性，使纯粹意义上的"教育公共产品"

根本就不存在；另一方面，也不存在纯粹意义上的"教育私人产品"。教育之所以称其为"教育"，在于其内在的公共性品质。公共性意指一种公共精神、公共价值、公共追求，表现为增进人类共同福祉的公共利益。公共性是人类得以存续、发展的根基，是社会性使然。教育通过培养、提升并拓展人的公共性而承担其对人类社会发展的崇高使命。从这层意义上来说，任何能以"教育"命名的产品，都必然具有一定的公益性、正外部性。由此可见，教育产品同时包含公共性和私人性，其属性具有相对性。

教育产品属性的相对性还表现为教育产品属性的历史性变化。教育产品属性的变动，一般受制于如下影响因素：①社会公众对教育产品外部性变化的评价；②社会对不同性质、不同类型教育需求的变化；③社会经济发展对教育的承受能力；④政府对教育产品供给和收益的权衡；⑤教育"排他技术"的发展；⑥具体的教育制度设计，等等。

如果教育产品的属性只有一种——纯粹的公共产品，且永远保持不变，或许我们可以据此要求政府对教育承担无限责任。可事实绝非如此。教育产品属性的相对性表明：政府要承担教育责任，但这种责任具有有限性，政府应根据教育产品属性的实际变化，对其教育责任做出适时的调整。

2. 地方政府教育责任的边界

政府的教育责任应主要体现为如下两个方面：一是政府并不对具体教育机构的具体事务负责，它只承担教育发展的基本责任；二是政府并不对所有教育承担完全等同的责任，而应根据实际情况，对不同性质的教育承担不同的责任。

（1）地方政府对教育发展应承担的基本责任。

——保障教育公平

追求教育公平是当前我国政策的重要目标，也是当今世界各国教育发展的主要趋势。教育公平是一个发展性概念，在不同的历史时期，其内涵与指称并不相同。从众说纷纭的界说中，可以从两个层面理解教育公平：一是在观念层面上，教育公平是对教育的质的规定性，表达了教育发展的内在的公平、正义的价值追求；二是在实体层面上，教育公平是指对教育机会与教育资源的平等分配，它可以通过可测度的量化指标体系加以反映。

公平、公正是人类永恒的价值追求，并作为社会正义的重要内容而存在，正如罗尔斯所言"正义即公平"。在罗尔斯看来，实现社会公正主要依赖政治行为，其中政府处于核心地位，政府是社会公正的责任主体。一个良好的政府不仅仅是一个善治的政府，更应该是一个维护公平、正义，促进社会和谐的政府。所以，保障教育公平理应成为政府的基本责任。

依政府职能，政府对教育公平的责任大体可归结为如下四个方面。

一是保障受教育权利和教育机会的平等。受教育权利的平等意味着：具有公民资格的所有受教育者不因出身、性别、家庭、职业、种族等外在附加条件的限制，而使自己的受教育权利受到任何形式、任何程度的实质性损害。教育机会平等则要求入学机会平等和存留平等。入学机会平等是指人们接受教育权利的平等；存留平等是指人们在学校教育过程中接受教育以达到特定教育程度的成功教育机会平等。受教育权利和受教育机会平等，这是政府应予保障的教育底线公平。

二是保证公共教育资源的均等化配置。政府是公共教育的主要供给者，也是公共教育资源的主要分配者。公共教育资源的消费对象是全体国民，每一个公民都有权利和资格并平等地享用。对公共教育资源的配置，应以教育服务均等化为原则，促进教育均衡发展。现阶段，在公共教育资源的配置中，应特别注重促进城乡义务教育的均衡发展。公共教育资源投入应向农村学校以及"薄弱学校"倾斜，改善办学条件，提高师资队伍质量，以县（区）为重点，首先实现区域内义务教育资源的均等化，让每一个接受义务教育的儿童，都能公平地分享公共教育资源。

三是建立教育补偿机制，保护弱势群体的受教育权益。弱势群体的受教育权益是否得到保护，是检验一个社会公正的"试金石"。教育不公正，其实质也就是对弱势群体受教育权益的忽视。弱势群体的形成，既有自身的原因，也是社会因素作用的结果。为此，国家有责任建立对弱势群体的补偿机制。罗尔斯的"公正差别"原则认为，为了平等地对待所有人，提供真正的同等机会，社会必须更多地关注那些天赋较低和处于较不利地位的人们，通过对弱势群体的补偿换取平等。为切实保护弱势群体的受教育权益，政府应倾听来自社会底层的声音，畅通弱势群体利益表达渠道，建立社会救济和教育保障体系，加大对农村地区、少数民族地区教育的公共财政转移支付力度，进一步完善"助学金""贷学金"制度，对困难家庭儿童、残障儿童、流动儿童和"留守儿童"等，实行特别的生活救济和教育救助。

四是依"差异公平"原则，为个体发展提供多样化、个性化的教育服务。教育平等是教育公平的基本要求，但教育公平并不反对建立在权利平等、机会平等上的教育不平等。教育公平需要正视个体的差异性，放弃对教育同质性的追求。"从终极意义上讲，让每个学生的个性和禀赋得到充分发展是最公平的（也是最有效率的），因为学生的发展应具有多样性和丰富性。"因此，为保障教育公平，政府的责任不是"削高就低"，实现整齐划一的同质化教育，而是要尊重个别差异，提供多样化的教育产品，以满足不同个体的兴趣、爱好和发展需求。同时，还要鼓励、支持教育产品提供的多元化。

——维护教育的公益性

教育的公益性与教育公平存在内在关联性，但两者强调的重点不同。教育公平强调的是对教育机会和教育资源的平等分配，以保障公民教育权利的平等；教育公益性则强调教育对社会共同利益的维护以及国家对公共教育的投入责任。

尽管学界对教育公益性的界定不一，但一般认为，教育的公益性具有如下典型特征：符合社会公共利益；不以营利为目的；由国家举办；追求平等；强调非经济价值取向。

改革开放以来，一方面，我国教育领域的内部关系发生了变化，教育体制改革对政府与学校关系的调整，导致了利益格局的多元化；另一方面，教育领域的外部关系的改变，即社会由计划经济向市场经济的过渡，产生了一个以市场经济为基本特征的经济领域，因此教育在这场经济体制改革中不得不直接面对市场，最终出现了政府、市场和学校三种既相互联系又相互制约的关系。正是这种教育领域内外关系的变化，以及由此产生的利益关系、利益机制的变化，极大地冲击传统的教育公益性理念，使教育公益性在市场经济条件下，面临严峻的现实挑战。如：转制校、重点校、"赞助费""点招生"等，引发了社会公众对教育公益性能否持守的普遍担忧。

公共利益是衡量一个政体合法性的主要价值标准。在对国家事务、社会事务、行政事务等方面进行管理的过程中，政府的基本任务就是处理好个人与集体之间、不同社会集团及不同社会阶层之间的关系，寻找在多元的利益冲突中的共同基点——公共利益。政府行使公共权力的根本目的就是使社会公共利益实现最大化，并对公共利益进行公平、合理的分配。维护和增进公共利益是政府的基本责任。

现代公共行政学研究也表明，政府总是在绝大多数公民认为是基本的公共功能的某些活动中担负责任。在市场经济条件下，作为现代国家代表的政府，应承担其提供公共产品、保护市场经济秩序、维护社会公平等责任，有效解决这些市场机制本身无法解决的问题。

为维护教育的公益性，政府的责任在于：作为主要责任人，积极举办各类教育实体（包括学校和教育培训机构）；完善教育财政制度，保障公共教育经费的足额供给；积极培育教育市场并加强监管，提高教育资源的配置和利用效益；正确处理与学校、市场的利益关系，建立多元参与的教育公益性保障机制。

——为教育发展创造良好的政策与法律环境

政府是公共产品的提供者，也是规则的制定者、执行者和裁决者。在民主与法制社会，政府的重要职能之一是制定并监督规则的执行，而不是事事亲力亲为。因此，政府的基本教育责任不是干预教育机构的内部事务，而是作为制度的供给者，为教育发展创造一个良好的政策与法律环境。

创造良好的政策与法律环境，首先，需要完善政策与法律体系。一个完善的政策与法律体系，应至少满足三个条件：第一，政府制定相关法律法规，使个人、学校及其他机构免受暴力或侵害，提供基本的安全服务；第二，使教育活动不受政府随意性行为之侵害，铲除寻租和腐败行为；第三，建立比较公正的或可以预见的司法体系。完善的政策与法律体系，使"依法治教"成为可能，这是市场经济条件下教育法制化的基本前提。

其次，需要加大政策与法律的执行力度。在我国教育实践中，一直存在比较突出的"有法不依，执法不严"的现象，导致了"好政策""好法律"却不能收到预期的"好效果"，这严重地阻碍了教育事业的健康发展。为此，有必要开展政策与法律宣传教育工作，普遍提高公民自觉遵守和执行国家的教育政策、法律的意识和觉悟；树立政府的"依法行政"意识，使各级政府和教育职能部门能够在自己的职责范围内，认真履行职责，成为公民和其他社会组织守法、执法的表率；建立畅通的利益表达渠道，让更多的社会主体，如学生及其家长、社会公益组织、各级人大、新闻媒体等，能够参与教育执法的监督与评价工作。

最后，良好的政策与法律环境的创设，还需进一步完善制度体系。一个社会中最重要的规则体系就是制度。政策和法律通常具有原则性和抽象性，如果不能具体化为制度，则易流于空泛。尤其是当前我国教育发展存在较大的区域差异、城乡差异、校际差异，更需要各地在执行国家教育政策和法律的过程中，结合自身情况，制定具体制度，灵活地解决实际问题。从系统论角度看，一个完善的教育制度结构体系，既包括直接影响教育活动开展的"核心制度"，如办学制度、招生制度、投入制度、课程制度、评价制度等，也包括对教育活动产生间接影响的"外围制度",如户籍制度、医疗制度、就业制度等。"制度即资源",只有建立起完善的教育制度体系,才能使抽象的教育政策和法律,从文本走向行动。

（2）地方政府对不同性质教育的不同责任。依教育的强制性,我们通常把教育区分义务教育和非义务教育。这两种性质教育的公益性高低不同,"教育公平"表现的强弱程度不同,政府应承担的责任也就不同。

——政府承担义务教育的完全责任

义务教育是受国家强制力保护的、由国家、家庭、学校共同保证的适龄儿童必须接受的、一定年限的国民教育。义务教育因其具有较强的普遍性、基础性、公益性,且能典型地反映一个国家教育制度的公平性,因此,通常要求国家对义务教育承担完全责任。我国《义务教育法》第二条规定:"国家实行九年义务教育制度。义务教育是国家统一实施的所有适龄儿童、少年必须接受的教育,是国家必须予以保障的公益性事业。实施义务教育,不收学费、杂费。国家建立义务教育经费保障机制,保证义务教育制度实施。"第四十二条规定:"国家将义务教育全面纳入财政保障范围,义务教育经费由国务院和地方各级人民政府依照本法规定予以保障。"这些法律规定表明,作为国家主权象征和公共利益代表的政府,应对义务教育承担完全责任。

当前,我国义务教育发展的重点在于提高质量和实现均衡。为此,政府作为义务教育的完全责任主体,应进一步做好如下工作:一是各级政府尤其是中央和省级政府,应加大教育经费统筹,优先保障义务教育经费投入,确保《教育法》和《国家中长期教育改革和发展纲要（2010—2020 年)》规定的教育财政拨款的"三个增长",实现财政性义务教育经费占国民生产总值4%的目标;二是各级政府要努力推进义务教育的均衡发展。中央和省级政府应建立义务教育的财政转移支付制度,加大对贫困地区、农村地区和薄弱学校的财政投入力度,普遍改善农村学校和城乡薄弱学校的办学条件,逐步实现从区域到全国范围的义务教育均衡;三是科学制定办学标准,提高义务教育的办学质量。这包括:制定义务教育阶段学校的办学标准,积极推进中小学校的标准化建设;加强对"薄弱学校"的改造,加强薄弱学校基本能力建设;坚决制止"重点校""示范校""窗口校"等错误做法,防止优质公共教育资源的过度集中,避免校际差距的进一步拉大。

——地方政府承担非义务教育的主要责任

非义务教育主要包括学前教育、高中阶段教育（包括普通高中教育和中等职业学校教育）以及高等教育。对非义务阶段的教育，政府应作为主要责任人，应重点解决非义务阶段教育发展面临的实际困难。

学前教育虽然不属于义务教育，但它是基础教育的组成部分，是人生教育的起步阶段，关涉教育起点公平，因此，政府对学前教育同样应承担主要责任。从当前世界学前教育发展趋势看，一些国家开始把学前一年教育纳入义务教育范畴，主要由政府来举办学前教育。目前，我国学前教育存在公办幼儿园数量少、网点分布不均、幼儿入园难、入园率低等突出问题，这需要政府在积极举办公立学前教育机构的同时，逐步加大对民办学前教育机构的财政资助范围和支持力度，进一步扩大学前教育规模，力争如期实现《国家中长期教育改革和发展纲要（2010—2020 年)》提出的"到2020 年，全面普及一年学前教育，基本普及学前两年教育，有条件的地区普及学前三年教育"的发展目标。

高中阶段教育是连接义务教育和高等教育的"桥梁"。当前，我国多数地区的高中阶段教育，主要由政府和社会力量共同办学，且表现出较强的市场化特点。不少地区，高中阶段教育的竞争程度已超出了大学的入学竞争，成为百姓生活中的敏感话题。针对我国当前高中阶段教育存在的问题，政府的责任在于科学规划高中阶段的教育规模和类别，积极引导初中后学生的合理分流；尊重学生的学习选择权利，建立普通高中与职业高中（中等职业学校）相互融通的教育体系；扶持和改造薄弱高中校，促进高中教育的均衡发展，尽可能为每一个学生提供优质的高中教育资源。

高等教育无论是普通高等教育还是高等职业教育，总体而言，还是比较稀缺的教育资源。高等教育招生对象有限，且高等教育的专业设置、专业选择以及毕业生就业，与劳动力市场存在直接关联。因此，相对其他阶段的教育而言，高等教育具有较强的私益性。高等教育的私益性，使"缴费上大学"从观念变为现实。20 世纪 60 年代以来，发轫于西方的高等教育重建运动，使"过去由政府办大学直接提供公共物品，现在逐步转变为由政府资助的独立的非营利机构，最后转向第三部门。"高等教育日益呈现出个性化、国际化、多样化和市场化的发展趋势。当然，过度市场化也不利于高等教育的健康发展。面对高等教育的市场化，政府的责任在于制度、公共产品的供给，通过制度创新，建立政府主导下的高等教育多元供给体制，并引导各高校之间开展合理竞争。

（本节主笔：张胜军，协助：董存田、许悦）

第二节　地方政府领导者的专业化是提高职业教育领导力的关键

一、发达国家政府教育领导者专业化已有规律可循

政府教育领导者专业化继教师专业化、校长专业化研究之后，近年来开始引起教育管理学界的关注。国外非常重视政府教育领导者专业化，建立政府教育领导者相关制度，为其专业化提供制度保障；重视由专家掌管教育行政事务；成立专门的政府教育领导者的教育机构，加大政府教育领导者的课程开发，为政府教育部门专业化提供合格的人才。现代官僚制创始人马克斯·韦伯提出，要改变政府部门行政首长的非专业化现象，摆脱决策过程中对专业人员的过分依赖。美国学校行政人员协会（AASA）的计划委员会也提出其计划报告，其中建议改进政府教育领导者训练的制度，提高政府教育领导者之甄选及任用标准以及 AASA 积极从事和推进教育行政的研究。美国著名的教育刊物《教育周刊》从 1999 年 11 月到 2000 年 1 月以"谁最适合做教育领导"为题作了系列的专题报道，而且对教育局长的标准进行了理论研究，制定出美国教育局长标准。他们试图从内行领导还是外行领导的争论中找出什么样的人适合做政府教育领导者。这些都是对政府教育领导者专业化方面所做的理论尝试。英国、澳大利亚、日本、俄罗斯等国，也对教育领导者专业化进行了相关研究。

1. 建立政府教育领导者相关制度，为其专业化提供制度保障

由于政府职能的转变，由全能型政府向有限型政府转变，对教育事业的管理方式也发生了相应的改变。由原来的直接管理走向间接管理，由"管理型行政"走向"指导型行政和服务型行政"，因而政府一般不直接参与教育事业的管理。但政府普遍认识到教育形势的复杂性，把教育行政独立于普通行政，意识到政府领导对基础教育的作用，建立起相关的政府教育领导者任用制度，实行严格的资格证书制度。美国要求各级政府教育领导者首先必须拥有教师资格证书，熟悉教育教学理论与实践，并担任 7～10 年的教学工作，再到大学所设的行政人员培训部门，接受至少一年以上的行政领导系统培训并且考试成绩合格，取得资格证书，才有资格担任政府教育领导。澳大利亚也同样十分重视政府教育领导者专业化的发展，《2000 年的教育》对教育行政领导提出了严格的要求。日本、英国、法国、德国等主要发达国家同样非常重视政府教育领导者工作的规章制度建设，建立了政府教育领导者经费制度、责任制度、激励制

度、考核制度等，为其专业化发展提供制度保障。

2. 重视由专家来掌管教育行政事务

教育体制是教育体系和教育制度的简称，它与政治、经济、文化体制紧密相关，教育体制是政治体制的体现。美国无论州或地方都设有"教育理事会"，并聘请一位具备教育专业知识、熟悉教育事务的人领导教育理事会的执行机关"教育厅"，此人即为教育厅长；地方同州一样设有"教育理事会"或"学务局"，也是由教育相关人士领导工作。英国的地方议会设有教育委员会，委员会 1/3 的成员由具有教育学知识或教育工作经验者担任，处理实际业务的教育长或教育委员会主席应是教育专家，对于各种教育问题都有研究心得和实际经验，有权制定具体规定及实行措施。美、英两国教育界过去认为人人可以办教育，现在则承认教育事业应该作为一门艺术，须由专家来掌管。如今的教育决策重视专业团体的意见并让其参与决策过程。法国实行大学区制度，大学区部长任命有严格的限制，要经过议会提名，获取博士学位并由总统任命。法国教育审议会的成员多数来自学术机关和教育部门，他们都是接受过专业训练的高素质人才。德国、日本对从事政府教育领导者的官员也有严格的要求，都是由教育专家主管教育事务，从而改变了过去外行领导内行的局面。

3. 成立教育行政领导研究与教育机构，重视其课程开发，提供专业化人才

从事教育行政工作的人员无论是来自学校，还是曾担任其他行政部门的一般领导工作，但若没有接受过教育行政专业方面的训练，就会出现外行领导内行的现象。因此，主要发达国家认识到教育行政领导素质对教育影响的重要性，从政策、制度、投入上采取相关措施，从而推进政府教育领导者专业化的发展。为了提高政府教育行政从业人员的理论素养，给他们提供理论支持，各国普遍设立教育研究机构，对教育行政各方面广泛进行科学研究，运用科学规律指导教育行政管理。美国在各大学普遍设有教育行政研究所，对教育行政领导实施专业教育，并设有在职进修教育体制供教育行政人员进修，还设有教育行政人员专业证书制度及专业团体组织。法国为了促进教育行政人员的专业化，法国教育部在其"组织及行政人员人事司"中特设一个行政人员教育科，专门负责推进教育行政人员教育的工作，并在全国 15 个大学区分别设有教育行政人员训练中心，从事教育行政人员的在职进修教育和教育行政学的研究。德国和日本对教育学院的课程进行重构，开设教育行政课程，而且加强行政学院和教育学院之间的合作。

二、我国教育行政领导专业化已受到重视

从国内教育现状看，走教育领导者专业化之路是解决教育矛盾的有效途径，是实现教育行政现代化管理的重大举措。2005 年，中国教育学会教育管理分会教育管理协作研究学术会议中，教育行政专业化成为与会代表热烈讨论的议题。与会代表认为，国家在通过行政部门对教育事业进行管理的过程中，不断衍生出权责分配、任务配置、资源调配等问题，也促发了研究者对教育行政发展的深入研究。随着理论界对教育行政专业化问题的重视，关于教育行政专业化的研究也取得了一些研究成果。北京师范大学教育管理学院褚宏启教授发表的《教育行政专业化与教育行政职能转变》、北京大学教育学院李轶教授发表的《教育行政管理创新的关键和策略》和《教育行政管理创新势在必行》、北京师范大学教育学院赵树贤、宋中英教授发表的《教育管理研究热点聚集》、国家教育行政学院从春侠教授发表的《谁来当教育局长?》《教育局长的角色困境——关于 122 位县教育局长（正职）基本状况的调查报告》、华东师范大学公共管理学院赵银生教授发表的《试论我国基层教育局长的专业化》，这些研究成果对推动我国教育行政专业化发展具有重大的理论价值。从实践中，我国教育行政领导队伍专业化还处在初级阶段，发展水平相对不高。

但总体上看，我国教育行政领导者专业化研究相对薄弱。教育行政领导应具有与其所从事的业务相适应的科学文化知识、专业知识以及其他方面的素质，走专业化发展之路。直到当前，我国对教育行政领导的素质，特别是在文化业务素质方面尚无严格的、明确的要求和规定，还没有建立全国性的教育行政领导资格制度、责任制度、考核制度以及专业组织，用相关教师制度套用到教育行政领导的管理当中，这显示出我国对教育行政领导专业化研究还处在低级阶段，不利于我国教育事业的发展。

教育作为一项专业性很强的事业，职业教育则是更加专门化的事业，对职业教育领导者的专业化的研究和践行都显得更加迫切。

（本节主笔：朱军，协助：董存田、崔伟）

第三节　地方政府职业教育领导力评价需要深入研究

地方政府职业教育领导力强弱，绩效高低取决于群体而非个体，但个体通过对群体的影响起作用。此前的研究中，侧重于对领导个体能力（或称胜任

力）评价者居多，可以作为对群体领导力评价的参照。

一、能力评价研究的现状

美国学者苏珊·约翰逊曾经在针对美国教育局长的研究中发现，理想的教育局长应该同时在三方面发挥领导作用，即教育的领导（关注教学法和学习）、政治的领导（获得资源、建立联盟）和管理的领导（运用组织结构来参与、监督、支持和计划），否则很容易陷入工作被动状况。

为了进一步解释教育局长是一种职业，美国学校管理者协会标准委员会确定了一系列的职业标准（AASA，1993）。委员会说："所有教育局长都应该符合8条职业标准。"标准1：领导与社区文化。这一标准强调执行领导才能、洞察力、塑造学校文化与氛围、授予他人权力以及对多元文化与种族的理解。标准2：政策与管理。这一标准以与董事会共同工作程序的确定，社区政策、标准与规章制度的制定以及美国民主社会公立学校管理的描述为核心。标准3：交际与社区关系。这一标准强调向社区和媒体清楚且有效地解释地方区域的构想与意图的能力；还强调对社区反馈做出的反应以及达成一致意见以强化社区的支持等。标准4：组织管理。这一标准要求搜集、分析和使用有关政策信息的能力，发现与解决问题的能力以及设计解决问题方法的能力。它还强调高质量的管理以满足内外消费者的期望以及资源的配置。标准5：课程规划与开发。这一标准检验的是教育局长为提高教学而进行课程战略计划设计的能力，运用认知发展理论的能力，使用有效可靠的性能指标的能力等。标准6：教学管理。这一标准衡量的是对有关学习与教学策略的研究能力和成果，以及让学生成绩最优化而整合资源的能力。它还关注将研究发现与最有效的经验运用于课程的能力等。标准7：人力资源管理。这一标准评价的是有关确定教职员工评价与评定的能力，以及建立监督提高工作效率体系的能力。它还要求解释和应用有关人事筛选、发展、留任与解聘等合法要求的能力。标准8：领导的价值观与伦理观。这一标准强调的是理解并塑造拥有适当的价值体系、伦理观和品行端正的领导。它还要求教育局长具有对多元文化和种族的理解，并要求他们与社会机构和人力服务部门进行合作，以帮助每个学生成长和发展为一个有责任、有知识的公民。

而在我国地方政府的实际工作中，尚未建立起科学的教育领导者考核、评价制度。目前一般是通过组织人事部门通过看一些教育领导者相关书面材料对教育领导者进行考核评价，他们本身工作任务繁重，平时没有深入细致地进行教育调查研究，也并不熟悉教育业务，因而他们作出的评价结论，对教育领导者不能发挥应有的诊断、服务及导向作用，不利于教育领导者工作的发展与提高。而熟悉教育业务，经常跟教育领导者打交道的基层学校校长，在评价教育领导方面没有发言权。这样不利于教育领导改进工作，提高教育质量和自身水平。

基于我国行政管理体制的特殊性，比对教育局长个人评价更重要的是对教育领导者群体的评价，包括政府主管领导，局领导班子和主管处室，在评价指标的设定中，加强对职业教育的针对性和导向性，值得重视。

二、能力模型的概念

能力素质模型起源于 20 世纪 50 年代初。当时，美国国务院感到以智力因素为基础选拔外交官的效果不理想。许多表面上很优秀的人才，在实际工作中的表现却令人非常失望。在这种情况下，麦克里兰博士应邀帮助美国国务院设计一种能够有效预测实际工作业绩的人员选拔方法。在项目过程中，麦克里兰博士应用了奠定工作素质方法基础的一些关键性的理论和技术。例如，抛弃对人才条件的预设前提，从第一手材料出发，通过对工作表现优秀与一般的外交官的具体行为特征的比较分析，识别能够真正区分工作业绩的个人条件。因此能力素质模型就是把某职位中表现优异者和表现平平者区别开来的个体潜在的、较为持久的行为特征。

1973 年，麦克里兰教授发表著名的《基于能力素质而非智力的测试》。该文在管理界引起轰动，直接推动了将能力素质模型应用于管理领域的理论与实践。可以说，麦克里兰的素质模型是较早出现的有代表性的素质模型，麦克里兰经过研究提炼并形成了 21 项通用素质要项，并将 21 项素质要项划分为 6 大类素质族，同时依据每个素质族中对行为与绩效差异产生影响的显著程度划分为 2～5 项具体的素质。6 个素质族及其包含的具体素质如下：①管理族，包括团队合作、培养人才、监控能力、领导能力等；②认知族，包括演绎思维、归纳思维、专业知识与技能等；③自我概念族，包括自信等；④影响力族，包括影响力、关系建立；⑤目标与行动族，包括成就导向、主动性、信息收集等；⑥帮助与服务族，包括人际理解力、客户服务等。

第二种有代表性的能力素质模型称为管理者胜任特征模型。胜任力是指任何直接与工作绩效有关的个体特质、特点或技能等，在本质上也就是应该具备的素质组合。有学者利用物元分析和可拓评价方法建立了基于管理技能、个人特质和人际关系 3 个维度的胜任特征物元模型。①管理技能的维度，包括团队领导、决策能力、信息寻求和市场意识等；②个人特质的维度，包括影响力、自信、成就欲、主动性、分析思维和概括性思维等；③人际关系的维度，包括人际洞察力、发展他人、关系建立、社会责任感和团队协作等。

第三种代表性观点是美国管理咨询公司 HAY 公司提出的关于素质的冰山模型，他们认为，人的素质结构就像浮在大海上的一座冰山，冰山露出海面的部分，是一个人的行为、知识、技能等一些外在的、可观察的特征，冰山处于水面以下的部分，是一个人的价值观、态度、自我形象、个性品质、内驱力和社会动机等，而决定一个人能否成功的则是冰山水面之下的潜在特征。

第四种代表性观点是四种能力论，Robert hogan 和 Rodney B. Warrenfeltz 研究指出管理人员的素质可以分为 4 种，分别为：自我管理能力、人际关系能力、领导能力和商业能力。①自我管理能力，包括自我尊重、正确对待权利的态度和自我控制等；②人际关系能力，包括换位思考、正确预计他人的需要、考虑他人的行动等；③领导能力，包括建立团队、维持团队、激励团队、建立共同愿景和巩固团队等；④商业能力，包括制订计划、管理预算、绩效评估、成本管理和战略管理等。Robert hogan 和 Rodney B. Warrenfeltz 认为这四个方面包含了管理培训的内容，它们为培训课程的设计提供了依据。这四种能力是相互关联的，有先后次序的，后续能力的发展是建立在前面能力发展的基础之上的，它们存在可培训性的等级差异，排在前面的能力比后面的能力难以培训。

当然，关于管理者应该具备的素质还有许多相应的模型，总结归纳以上的素质模型，使我们明白管理者到底需要具备哪些素质，可以为整合式培训开发模式提供平台。

三、能力模型的应用

在我国，心理学和管理学对素质模型的探索，可谓百花齐放，多种多样，有的将素质模型的内涵横向界定为知识、技能、品格这三个方面，有的纵向界定为基础性、主体性和辅助性三个层次，等等。简单说来，所谓领导者能力模型，就是指在领导者的领导活动中，用来解释和预测行政领导者工作绩效的一系列素质与能力的组合。领导者能力素质模型首先定义领导者完成工作需要具备的品格、知识、技能、个性倾向等资质条件（即能力要素），进而描述不同层次资质的具体行为特征，形成一套完整的体系。通过建立素质模型，明确某一职位或者某一类职位的任职者的素质要求，可以为人才招聘与选拔、人员测评、绩效考核、培训开发等提供基础性平台。该体系可以帮助被测领导和决策机关考核判断完成某一岗位的特定工作需要具备的核心能力组合以及每项能力的熟练程度要求。

从春侠初步构建出教育局长胜任力模型：沟通协调能力（人际交往能力、关系处理能力、社会活动能力、灵活适应能力）、战略规划能力（大局意识、战略意识、洞察力、对外部环境的敏感度、远景规划能力）、政治鉴别能力、持续学习能力、教育家精神（教育情怀、专业能力）、开拓创新能力（冲突管理能力、问题解决能力）、领导能力（决策能力、判断力、凝聚力、影响力、团队建设能力、人格魅力）、组织管理能力（执行力、事业心、责任心、问题分析能力、时间管理能力）这八种能力，不仅体现出教育局长在政治、教育和行政管理三个维度上的能力要求，而且也涵盖了知识、技能、社会角色、自我概念、特质和动机六个层面。王罡认为行政管理能力的六项要求，一是政治鉴别能力。教育属于上层建筑的范畴，必须具有较强的政治敏锐性，只有科学地判断形势，全面地把握形势，才能把握教育的正确方向；二是总揽全局能力。要立足地方经济社会发展的全局、立足全县教育的实际，明确工作思路，抓住重点、难点问题，推动本地、本校的发展；三是依法行政能力。当今社会是一个法制社会，必须依照教育的相关法律来规范教育工作，减少随意性、盲目性，坚持从严治教、依法治教；四是应对局面能力。教育在改革的过程中不可避免会出现许多新情况、新问题，在错综复杂的局面中，不要回避矛盾，不要怕曝光，直面问题并想办法解决；五是综合服务能力。教育行政管理在新的形势下就是服务，要切实增强服务意识，努力提高服务质量，为教师服务，为学生服务；六是全面创新能力。要敢于突破，问题和困难总是在不断地冲突中得以解决，每一次突破就是一个创新和再创新的过程。

四、能力的分类

依据人力资本理论，参照舒尔茨教授在人力资本分类方面的研究成果，可将人力资本所具有的能力划分为七种，这七种能力是共同存在于每类人力资本中的，由于能力结构的不同而衍生出不同的人力资本类型。例如，我们先将七种能力作如下的界定，即一般能力、专业能力、知识获取能力、制度创新能力、信息获取和处理能力、组织管理能力，资源的配置能力。

领导者型人力资本是面对复杂而不断变化的服务对象，利用自身决策、配置资源能力构建新组织关系，实现社会的和谐与公正，将知识运用到资源配置领域的人力资本。领导者就是专门就稀缺资源的配置做出判断性决策的人。领导者型人力资本具有改变所掌管职权范围内整体行为方向或运行轨道的战略创新能力。

需要指出的是，要防止对能力模型的神化或万能化倾向。不少人长期以来持有一种观点，认为只要有行政领导者素质能力结构模型，就足以帮助我们培养出适合、称职的行政领导者。但事实上，并不是有了一个素质模型就可以解决所有的问题，尽管存在诸多很有吸引力的作用，诸如它的明确性、一致性和互通性等。但政府领导者能力模型还有一些很容易被忽视的重要缺陷。一是由于素质模型的研究都是基于管理与领导行为的范围及其延伸，很容易变得过度复杂化，换言之，就是涵盖太多的维度。例如，一些素质模型详细界定了行政领导者 30 个或更多不同的期望维度。而这只会让领导者更为困惑，是应该关注发展还是关注特定时期内的一些行为？一些专家认为，政府领导者可以或应该同时关注某段时间内的一至两个行为，这样固然会带来能力的多样化，获得一个复杂能力的现实，但同时也很容易分散注意力，导致组织要求的能力模糊不清。而对组织来说，能力多样化会削弱对组织优先性的认识。第二个局限是能力模型建立在领导力的理念化、空洞化的基础上。很少有行政领导者能够在所有的这些素质能力方面具备较高的水平。而且，在特定的竞争环境下，个别的技能往往是某一成功的决定性因素。同时某一通用模型往往不能认识到领导力多样化、文化和环境要求的变化。最后，素质模型对目前领导行为一般都会过分关注。不幸的是，这些素质与能力帮助目前的领导者取得了成功，却不一定适合下一代、另一类、另一地的领导者。

（本节主笔：朱军，协助：董存田、崔伟）

第四节 地方政府领导者职业教育领导能力
提升保障制度有待完善

一、要建立政府职业教育领导者任职资格制度

按照社会职业的专业化程度划分，一般可将职业划为三类：一是程序性职业，如售货员、机床操作工人等，这类职业的可取代性最强；二是技能性职业，如护士、技术工人等；三是专业性职业，如医生、律师、会计师等。主管职业教育的行政领导岗位是国家行政权力根据职责任务和工作需要而设置的主

管职业教育发展的重要岗位，是担负职业学校和职业教育相关工作领导职责和管理任务的工作岗位，就领导者的能力需求来看，他们不仅应具备程序性的能力，还要掌握一些技能性的能力，最关键的是他们还要在通用职业能力（如学习能力、沟通能力、协作能力、反应能力、分析能力、一定的涉及职业教育管理的基础知识）基础上，对职业教育领域内诸多事项具备较强的决策能力、执行能力、监控能力、保障能力、创新能力等专业性很强的能力。显然仅仅具备基本能力，而缺乏专业性能力的考核，无法做到人岗适配。由于现阶段组织在考察选拔分管职业教育领导者时，较少注意到备选对象的职业教育专业能力是否适岗，也缺乏政府领导者职业教育专业化建设的基本措施，造成分管职业教育的领导者构成成分非常复杂，难以形成同质化思维的方式。往往在领导班子的分工中，分管职教工作的领导者由出身普教系统的领导担任，或者是随便一位从未分管过教育的领导者分管职业教育，造成"外行领导内行兵"的尴尬。迄今为止，对分管职业教育的领导者在竞聘或职务分工都没有法定的准入标准，这种干部选拔机制实际上忽略了一般行政领导与分管教育领导、特别是分管职业教育领导之间的"同职异质"的问题。

从事地方政府教育领导者，应该有从事相当年限的教育实践工作，并且掌握相关教育理论，对他们的工作经历、学历、专业、职称应该有严格的要求。但是，当前我国地方行政领导，特别是分管职业教育的领导在选拔考核时存在对职业教育工作专业性认识不到位、专业性知识考察不足的问题，这已成为制约职业教育持续发展、阻碍职业教育内涵升级的瓶颈。他们中大多数并没有实际的教育工作经验、也没有扎实的教育理论功底，他们在被录用前，并没有要求必须通过地方教育领导者职业资格认证制度考试，而且我们国家目前还没有组织这样的考试，更没有这样的标准，常常按照政府官员调动的程序，并没有考虑教育工作的特殊性。这样的结果就是造成外行领导内行，他们在教育领域做出的重要决策，设计出的宏伟蓝图，难免违背教育发展规律。

对地方政府主管领导的专业性考察指标的设计必须因地制宜，符合实际，这是最基本的要求。构建对政府领导者职业教育能力专业性考察指标体系，不能直接"拿来主义"，照搬照抄国外先进的职教管理经验，这样往往会"水土不服"，不但不能达到评估效果，而且影响当地职业教育的发展。考察指标制订必须深入研究当地具体情况，逐步建立起包括评估内容与重点选择、专业能力评估指标设计、评估方法的运用及评估结果的利用等在内的完整有效的专业性考察指标体系。同时，指标体系应针对解决当地某一发展重点进行评估，不要全盘评估。所以构建专业性考察指标评估指标体系，应以中央的对职业教育发展的中长期规划和法律法规为指导思想，根据不同地区或不同职能对指标设置的决定性作用与影响，设置一些通用指标，同时考虑到"本土化"的特殊指标，重点突出绩效评估的各个导向，结合本地的实际情况，发挥地方政府领导者的自主性，在较多的决策空间里充分利用自身的特色资源构建切实有效的绩效评估指标体系。

二、要形成政府职业教育领导者素质提升机制

对地方政府职业教育领导者的任用，仍然套用一般公务员条例来管理，从而导致政府教育领导者工作职能不清、工作职责不明，没有建立科学的教育领导者资格、任职、考核、评价、晋升、培训等制度，结果造成政府教育领导者素质不高、专业化发展进程缓慢。某些地区分管领导换岗频繁，造成专业化程度更加恶化。一些政府领导者从事职业教育领导工作后，被事务性工作缠绕，缺乏相应的培训，没有坚持学习和更新知识，专业化研究薄弱，甚至出现"逆专业化"现象。近年来，国家高度重视从业人员的素质，通过培训促进其知识、能力的提高。分别按照任职资格培训、提高培训和高级研修培训三个培训层次对教师、各级各类校长、教育行政干部进行培训，有力地促进了教师、校长和教育行政干部的专业化发展。

要加强对政府职业教育领导者的培训，增加接受专业对口培训的机会，实行"分级分岗"和因材施教（如来源于学校系统和来源于其他行政部门）培训。同时，应探索专业职级评定与考核制度，按照领导岗位培训计划提升自身的能力，并以相应的专业职称作为考核依据，每两年一评定，根据职业教育领导的实绩和职业教育、管理与研究水平，并作为职务晋升的依据。这不仅是提升职业教育领域各项业务整体水平，还是保障职业教育在全国范围内均衡发展、跨越式发展的现实需要。同时加强政府领导者整体的职业教育专业性建设，加强上级政府职业教育管理机构对下级职业教育工作机构业务的监督、指导与培训，是整体推进政府职业教育工作水平的重要途径。因此，将政府分管职业教育领导作为一个特殊职业群体，加强分管职业教育领导内部系统性建设，无疑对提高职业教育领导与管理工作的整体水平，具有较强的现实意义。为此，应当在坚持法定性、科学性、可行性、可测性、引导性、系统性、可比性、职能匹配、适时性因地制宜原则基础上，通过建章立制、设立专职职业教

育领导岗、设立职业化的专业技术职务制度、建立贯穿职业全程的培训制度等具体的途径和措施，加快推进政府行政领导在职业教育领导与管理专业能力上的提升。

（本节主笔：朱军，协助：董存田、崔伟）

本章小结

职业教育事业的发展需要政府主导，这就决定了主管职业教育的领导者的能力对职业教育发展起着重要作用。而职业教育是一项专业性很强的事业，对领导者的胜任力提出了严格的专业化要求，而目前对职业教育领导者的专门评价接近空白。制定地方领导者职业教育管理能力的评价模型，有人力资本理论的支撑，并有职业教育发展中形成的理论、法规、经验的丰富素材所支持。在科学评价的基础上，地方领导者职业教育领导能力的提升也将更具科学性、系统性和有效性。

第二章

地方政府职业教育领导环境研究

党的十八大报告提出："坚持走中国特色新型工业化、信息化、城镇化、农业现代化道路（"新四化"），推动信息化和工业化深度融合、工业化和城镇化良性互动、城镇化和农业现代化相互协调"。党的十八届三中全会做出的《关于全面深化改革若干重大问题的决定》提出："坚持走中国特色新型城镇化道路，推进以人为核心的城镇化。"习近平同志在论述新型城镇化道路时强调："城镇化不是土地城镇化，而是人口城镇化"。可见，要求有数以亿计的数量稳定、流动有序、素质优良的农村劳动力投身工业化进程，成为城镇化的动力源，同时要有一批或选择留在，或主动回流，或志愿来到农村的高素质劳动者从事农业现代化事业。经济、社会、文化以及教育本身的发展变化都对职业教育产生深远影响，进而制约政府职业教育领导力。政府必须认真研究这些环境因素，并准确评估职业教育发展面临的挑战，才能使政府对职业教育的领导更加科学有效。

第一节　经济环境：人力资源已成为经济发展的限制性资源

新型城镇化承载促进经济发展和社会公正的双重转型使命。通过城镇化，实现人口适度集中，以提高公共服务的水平和效率，是建成全面小康社会的无可替代的手段，这已被国内外诸多研究者论证过。通过人口向城镇的集聚，促进经济，拉动内需。城镇化的动力源于劳动者，依靠他们通过高效率的劳动，创造财富，建设城市，发展自己，照顾家庭。正如舒尔茨的人力资本理论认为，凝聚在劳动者身上的知识、技能及其表现出来的能力，具有经济价值。罗森如此描述："人力资本是体现在人身上的技能和生产知识的存量。人力资本投资的收益或报酬在于提高了一个人的技能和获利能力，在于提高了市场经济和非市场经济中的经济决策能力。"显然，在以复杂、尖端技术为基础的经济发展方式下，应用型（技术性、技能型）人才是经济社会发展需要的宝贵资源。然而，与上述需求相矛盾的"用工荒"现象，已经引起了各界广泛的关注。导致"用工荒"的原因错综复杂，尽管有部分产业"虚胖"，如房地产业（一个庞大的产业链，占用了巨大的劳动力，生产出了大量闲置的产品）的原因，但其反映出的数量问题、质量问题、结构问题等，揭示了人力资源与经济发展的深层矛盾，也反映出社会管理、经济发展、就业服务、文化建设和职业教育等现实困境。

一、"用工荒"与"就业难"并存，就业岗位与就业需求矛盾加剧

从笔者的调查当中发现，越是年轻的一代越不愿意选择一线的、劳动强度大的生产岗位。即使是处于就业竞争力低端的农民工，其价值取向也正在发生改变。新生代农民工外出打工不再是单纯追求较高的务工报酬，不再只满足于挣钱养家糊口，对工作岗位所能提供的学习机会、社会保障、个人权益、工作环境及发展空间等都比较看重，价值取向发生了根本改变。据在安徽蚌埠某集团的调查，该企业招工开出的工资在当地属中上水平，但由于工作车间噪声太大，文化生活环境太差，多数求职者都不愿应聘。调查中一位企业管理人员告诉我们："现在80后、90后宁可少赚工资，也不喜欢加班；他们喜欢在短时间内把手头该做的工作做完，一下班就走人。工厂提供免费宿舍，但他们宁可自掏腰包在外面租房子住。"小汪10年前跟随师父来到江南做木匠，由于心灵手巧干得很出色，但今天他的身份是个小承包商，当了他师傅的老板，他的苦恼也是：年轻人不喜欢做木匠，找不到好员工，所以生意惨淡。

大学和职业学校的热门专业已从工科悄然转移到商科；无论何种专业的毕业生选择职业的顺序几乎一致性地以公务员、白领、技术为顺序。小蒋高职毕业后从事汽车维修，很在行，很敬业，很有希望成为一名优秀的"汽车医生"，但他的理想却是干上三年表现好就可以当调度员了；小周是一个从大一开始即在工厂实习，从包装工一直干到设计师，取得多项专利，其设计被用于实际生产，其产品出口欧洲，被誉为"校园发明家"的学生，但毕业后并没

有到她专长的企业研发岗位，而是进了一家事业单位。据一家建筑企业薛经理介绍，他们公司一线工作的技术工作人员月工资也有 3000～4500 元，而办公室文员的月工资仅为 2000 元，但大学毕业生都是前来应聘会计、办公室文员，很少有前来应聘一线工作的技术工作人员，原因是不愿"整天出入工地"。而一家保温材料制造企业，其生产过程高度信息化，车间工作环境优良，其车间操作员（多为电脑操作）底薪 4000 元，招大专生尚不能满额，而来应聘文员，月薪 2000 元的本科生却很多。该公司董事长贾先生在询问从业原因时，得到的回答竟然是："面子"。竟有大学毕业生家长对孩子这样导向：找不到好工作宁愿不工作，老子养得起你，宁丢工作不丢脸面。曾几何时，劳动与技术是何等光荣，如今居然演化成了没面子的事，毋宁说要求吃苦、奉献。

与此同时，大学毕业生的就业难现象依然存在，其原因是源于如前所述不愿选择一线工作和操作岗位。一位制造业企业老板算了一笔账：在办公楼里提供一个"座位"（即使月薪只有 2000 元），一年的成本是 5 万～6 万元。"但这个成本要由一线生产创造利润来负担呀"，他论证说。

由上述分析不难发现："用工荒"（也是职业教育招生难）的关键是劳动者的意愿，而意愿的偏差也导致了就业难。归因于我国的劳动力结构从"金字塔型"变成"枣核型"，安于从事简单劳动的劳动力大大减少。而企业缺乏技术创新的动力和产业升级的动力，没有提供知识劳动的机会。

二、"普工荒"与"技工荒"并存，高等教育中职教因素不充分

笔者以制造业为例，就"技工荒"问题走访了一些长三角地区（江苏省和浙江省，以苏南为主）中型制造业企业，并对企业领导者、骨干工程技术人员和高校毕业生进行了问卷调查。

1. 企业认为信息化岗位人才所需要的学历层次

就研究生、本科生、高职生和中职毕业生从产品设计、工艺设计、设备维护、信息安全、网络建设和维护、数据管理、图纸绘制、数控操作 8 项信息化岗位的调查，可以看出，本科生是企业产品设计和工艺设计的主力，占 82%以上；其次是信息安全、网络建设和维护、数据管理、图纸绘制，均占 60%以上。高职生主要从事数控操作和设备维护，均占 72%以上。研究生则在产品设计上人数较多，占 32.8%，中职生中的优秀者可以进入这一领域，他们在数控操作岗位上数量占 22.4%。

可见，本科生、高职毕业生是企业期待的信息化岗位的主力，即使是一线

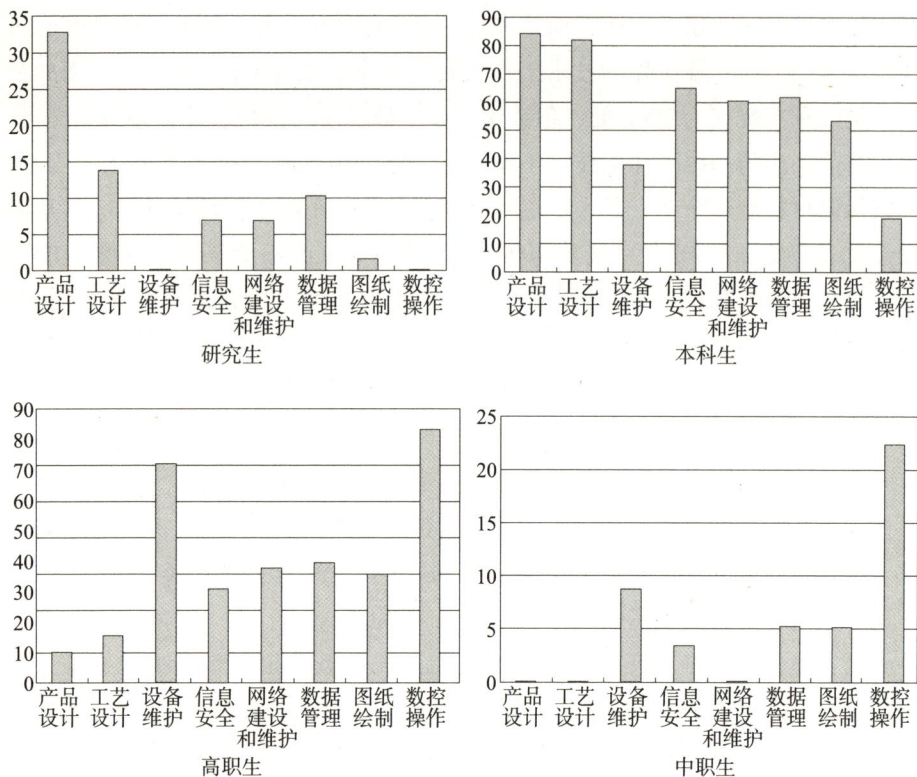

图 2 - 1　企业认为信息化岗位人才所需要的学历层次

操作工的主体已是高职生。事实证明，在产业升级至工业化与信息化结合的时代，高等教育负有培养"技工"的主要责任，这也是高等教育大众化的主要理由。这也就意味着，高等教育必须充分体现出职业教育的因素，只有这样才能完成它的使命。

2. 高职、本科工科毕业生胜任信息化工作情况

高职、本科工科毕业生胜任信息化工作情况调查从多数能够胜任、少数能够胜任、不能胜任 3 方面进行，结果如图 2 - 2 所示。可以看出，53.4% 的人认为，高职工科毕业生中多数能够胜任信息化工作；65.5% 的人认为，本科工科毕业生多数能够胜任信息化工作。46.6% 的人不认可高职工科毕业生胜任信息化工作，34.5% 的人不认可本科工科毕业生胜任信息化工作，这是产业一线给高校教育的评判。说明目前的工科人才培养中技术能力的培养并不令人满意，这给我们提出了新的紧迫任务。

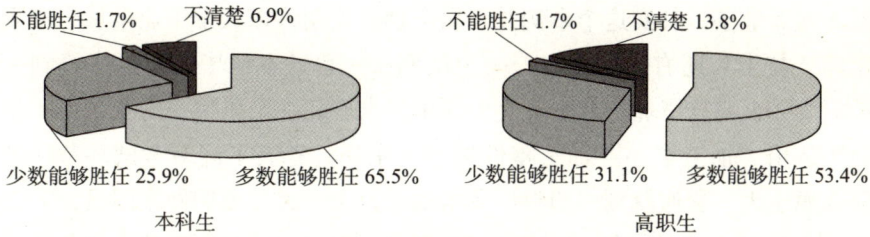

图2-2 工科毕业生胜任信息化工作情况

3. 机械类专业大学生对企业工作的胜任力

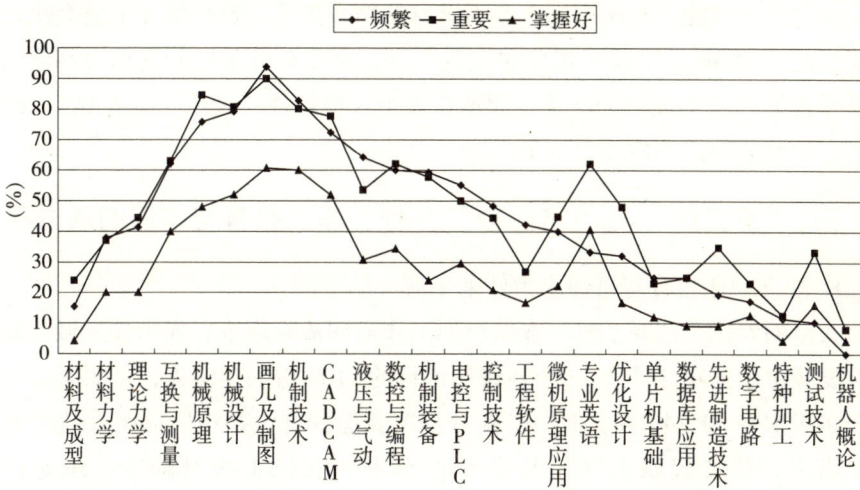

图2-3 机械类专业课程设置、企业需求与大学生掌握程度的关系

调查结果表明，按照由基础课到专业课及课程知识在生产实际中应用频繁程度的变化趋势进行排序，横坐标表示所设课程，纵坐标表示认为该课程所含知识在生产实际中使用频繁、对实际生产影响重要和毕业生掌握良好的人数所占比例。从中看出，学生的"掌握程度线"却比另外两线的位置低，说明毕业生对知识的掌握程度没有达到用人单位的期望值，难以胜任工作要求，形象的说法叫做"眼高手低"。

与上述事实相印证的是，据我们调查，在"用工荒"的背景下，大学生依然就业难。一位企业管理人员讲了这样一个故事，一位很不错的院校的本科生到厂里，让他"看"（操作）数控机床，只做了一星期，还没有学会就提出：我不能干这个，我应该搞设计。给他一个题目让他设计，一个星期下来，毫无进展，又让他把已有产品绘出三维图，他还是做不来，结果他仅来了一个月就不欢而散了。其实这个事例并不属个别，说明许多大学毕业生从态度到技能距离"技工"还有很大距离。一个反例，一普通本科毕业女生张婷到一个声称只要211高校毕业生且不要女生的单位求职，在十里挑一的竞争中，她凭着熟练运用"加工中心"加工零件被当场录用，省去了许多考试环节。她的底气来源于大一暑假就到一塑料厂流水线上打工，大二兼职做绘图员，大三参加学校工程中心培训，拿到数控高级工证书，而她的动力则来源于准备从车间干起的态度。

受访的一位职教专家做了这样的表述："学校里学的专业和就业市场不接轨，大学生希望能学有所用，企业不愿意花精力培养，这种情况下就会出现摩擦性失业。"职前（学校）培养的先天不足，企业对员工培养的动力和能力的不足导致了"技工荒"的出现。而从业者个人把选择"技工"放在做"管理"之后，导致了他们的内动力不足。

三、"辞工热"与"培训冷"并存，职工教育与培训的动力不足

1. 缺乏职业教育与培训成为外来工流失的主因

大量的农民工选择了辞去在城市的工作而回流到家乡，成为导致城市缺工的重要缘由。据对江苏省13个地级市进行的1106份问卷调查，结果是，年龄分布多集中在20～49岁。他们受教育程度普遍偏低，初中及以下文化程度达一半以上，职技校以上（包括中专）水平的农民工相对较少。而他们中69.26%的返乡农民工依靠外出务工收入维持生计。显然，作为"依靠外出务工收入维持生计"的他们，是由于缺乏相应的技能被迫返乡的，假如他们能够得到相应的技能培训甚至职业教育，他们未必选择返乡。

表2-1 返乡者的基本情况

项　目	分　组	人数（人）	比重（%）
年龄	20岁以下	57	5.15
	20～29岁	478	43.22
	30～39岁	301	27.22
	40～49岁	246	22.24
	50岁以上	24	2.17
	小计	1106	100.00

项　目	分　组	人数（人）	比重（%）
文化程度	小学及以下	123	11. 12
	初中	493	44. 58
	高中	244	22. 06
	职技校及以上	246	22. 24
	小计	1106	100. 00
家庭收入主要来源	打工的工资性收入	766	69. 26
	家庭经营农业纯收入	207	18. 72
	家庭经营第二产业收入	69	6. 24
	家庭经营第三产业收入	64	5. 79
	小计	1106	100. 00

2. 就业岗位流动性大导致外来工的学习动力不足

据笔者在常州市对 400 名外来工的问卷调查和个别访谈，在被问及是否曾参加培训或自修时，多得到否定回答。看外来工的工余活动（图 2 - 4），将近 80% 的外来工业余时间几乎只用于睡觉、看电视和聊天，即使偶尔有些娱乐活动，也以打麻将、打牌为主，业余时间娱乐休闲活动比较单调乏味。被访谈的多数外来工时常感到孤单。从调查数据中可以看出，在闲暇娱乐活动的选择方面，新生代农民工选择比例最高的分别是上网（28.8%）、听音乐（26.3%），而老一代农民工在这两项上的选择比例仅为 2.9%、6.8%。从更深度的访谈得知，外来工反映很难通过技术能力的提高获得应有的待遇；同时，外来工普遍缺乏生涯规划，岗位的稳定性很差，跳槽频繁，对企业的忠诚度不够，因此，难有学习业务、提升技能的动力。

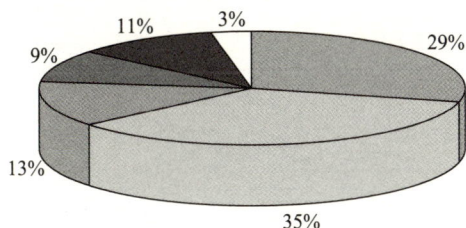

图 2 - 4　企业外来工工余活动

企业主也有他们的苦衷，他们的感觉培养得越好，跑得越快；培养了，没学好，反倒要待遇。经营一家轴承制造企业的邹老板说：不是不愿出钱，而是不敢对职工进行培训，她举例说，一个会计，经过三年培养好，自认为与之关系很好，但一天突然消失，账都没交；一个工人在厂从车工干起，成为技术工人、车间主任，但却自立门户，盗走了技术秘密和客户资源，以低价竞争，打压原厂。

江阴某镇一位成教学校校长也道出个中原因：企业主怕劳动者技术水平提高后身价提高而跳槽，员工则认为是否提高技能对自己的发展无多大益处。可见，对于职工的在职培训，企业主和员工双方都缺乏热情，处于"双输"状态。

四、"招工难"与"用工贱"并存，难以赢得员工忠职尽责情感

1. 薪酬福利低成为普工缺乏首因

据笔者在江苏省对 100 家企业进行的劳动用工情况抽样调查发现，部分企业招工缺乏吸引力，劳动者权益保障有待加强与劳动强度不成正比的低廉工资，对农民工越来越没有吸引力，是导致"招工难"最直接的原因。有 89% 的农民工认为工资待遇偏低，64% 的农民工认为要增加工资待遇。30.7% 的农民工认为造成长江三角洲等地区严重"用工荒"现象的原因是进城的农民工在城里没有完善的劳动保障等福利待遇，33% 的农民工认为其原因为工资待遇太低。因此，企业员工的流失随时都在发生。

2. 受教育程度是决定工资待遇的重要因素

上述调查结果还揭示，小学学历的农民工工资基本集中在 500~1500 元，初中学历的在 500~2500 元，高中、大专学历的在 1000~3000 元，本科及以上大致在 1000~4000 元及以上，集中分布在 2000~2500 元。由此可见，员工收入水平与受教育程度呈正相关趋势，但并非等量对应。

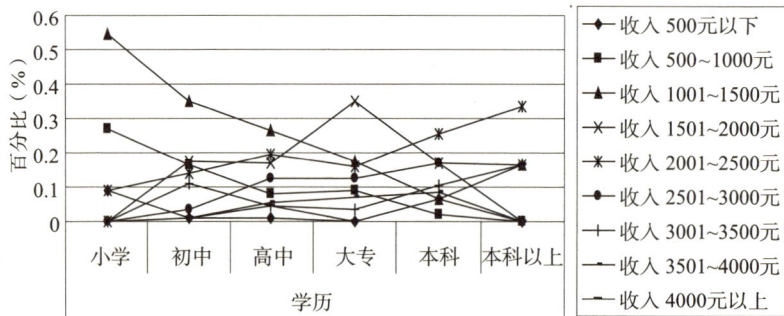

图2-5　城市外来工学历与收入折线图

3. 技工的余缺并不决定于目前的工资水平

上述调查还表明，相比普工而言，技工工资在 1000～2000 元，仅不到 10%，技工工资一直都处于 2000 元以上，比较稳定。但在目前的工资额度区间内，技工工资与企业缺工的卡方检验值大于 0.05，说明企业技工工资的多少与缺工没有显著差异，企业已无法通过小幅度提高工资控制技工短缺。

表 2－2　技工工资与企业是否缺工交叉制表

	技工工资	不缺工（%）	临时性缺工（%）	一直缺工（%）
工资水平	1000 元以下	0.0	2.5	0.4
	1001～1500 元	2.9	5.0	1.4
	1501～2000 元	7.1	15.7	2.5
	2000 元以上	25.7	29.6	6.8

统计检验表：

	值	df	渐进 Sig（双侧）
Pearson 卡方	10.677a	9	0.299
似然比	13.533	9	0.140
线性和线性组合	4.073	1	0.044
有效案例中的 N	280		

可以看出，我们的多数企业，缺乏技术创新的动力和产业升级的动力，把利润的来源局限于廉价劳动力，没有为已经发生重大变化的新劳动力提供知识劳动的机会。但缺技工的企业对技术性要求提高，又很难找到合适的人才，如果企业不想或做不到大幅度提高待遇水平而达到调动职工努力学习技术积极性的程度，并有效地对他们进行培养，"熟工荒""技工荒"就很难避免。

五、"城工荒"与"村工荒"并存，农村劳动力转移的存量不裕

农村劳动力的转移曾经并仍将是工业企业用工的主要来源，但农村劳动力的"剩余"究竟有多少？

1. 农村也有"用工荒"

笔者走访了劳动力输出地湖北恩施，当地年轻人大多去广东、浙江、江苏等地打工，很少留在当地。山村里基本无年轻人，种田者大多是中老年人（45 岁以上），收水稻之类需"轮工"，今天你家明天他家；土地相互转让的也有，也有荒芜的。"农忙让青年人回来帮忙？"答："干两天农活划不来。""今后土

地没人种怎么办?"答"互相帮忙,种得过来",欲言又止。在当地用工难找,工资要求高,农村老太婆干农活一天要 100 多元,有三餐,送烟;壮劳力 150元;技工(如木工、瓦工),每日工资 200 元以上。

可见,农村劳动力向城市转移的增量已经不多,"用工荒"不仅仅发生在工业领域,也发生在农业领域。

2. 返乡农民工难以"返农"

经笔者等以实地走访、问卷调查、座谈讨论对收回的 1106 份有效问卷进行分析,结果显示,返乡农民工返乡前赖以生存的手段多为打工(工业、服务业)(图 2-6),而返乡后希望从事农林牧渔业的返乡农民工仅为 6.01%,而更多的农民工倾向于从事餐饮业、建筑业、工业制造业及商业等第二、第三产业。事实上,占返乡农民工 70% 以上的 50 岁以下的农民工,不仅没有兴趣也没有能力从事传统农业。说明"返乡"对第一产业农林牧渔业的贡献有限。

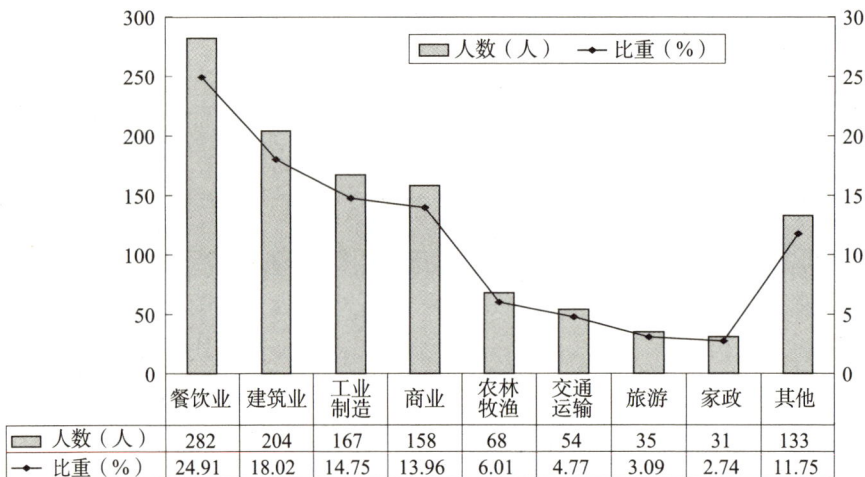

	餐饮业	建筑业	工业制造	商业	农林牧渔	交通运输	旅游	家政	其他
人数(人)	282	204	167	158	68	54	35	31	133
比重(%)	24.91	18.02	14.75	13.96	6.01	4.77	3.09	2.74	11.75

图 2-6 返乡者希望今后从事的行业(可多选)

3. 返乡者的职业梦想需要教育的支持

前述调查结果还显示,返乡农民工倾向于从事个体经营或技术工种的人数最多,其他依次为私营企业主、非技术工种、各类专业技术人员、办事人员、部门负责人、单位负责人及不便分类的其他劳动者。令人高兴的是,有44.3% 的农民工选择个体经营或创办企业,反映了农民工自身价值认同的一种提高。但对比表 2-1 所披露的事实,这些期待的实现显然难度很高。农村（包括留村者和返乡者）的终身教育体系建设迫在眉睫，今天 40 多岁，没有接受到良好的基础教育和职业教育，又要面临产业升级、技术更新、职业转换的要求，他们今后 15～20 年的劳动时间，其人力资源需要得到充分的开发。

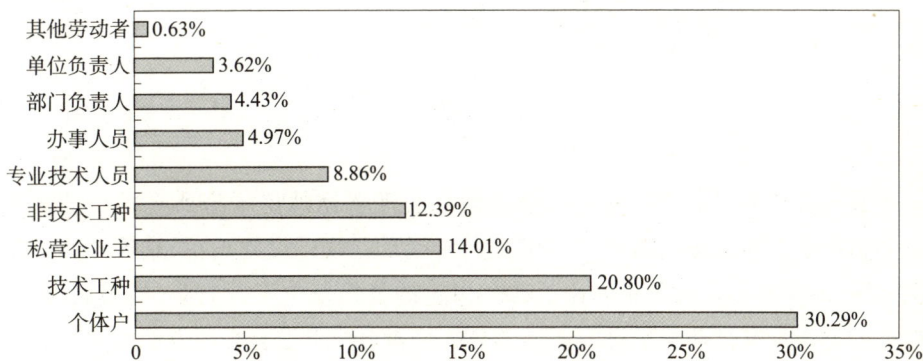

图 2-7 返乡者希望今后的从事的职业

六、"城市化"与"空壳村"并存，没有员工乐业建功环境

马克思在对资本主义本质进行揭示时提出的剩余价值学说认为，工人所生产的价值，并不等于维持工人生活所需要的那些商品的价值，而资本家占有了其剩余部分。而"维持工人生活所需要的"包含了维持工人生存所需要的费用、维持工人家庭生存所需要的费用以及培养工人劳动能力所需要的教育和培训费用。而在社会主义初级阶段的今天，农民工所得到的"维持工人生活所需要的"还很不充分。

1. 居家条件非正常

调查表明，新老农民工有不同的生活需求。老一代农民工外出务工时年龄较大，大多已婚，他们为了实现挣钱的目标，大多不得不对生活采取忽略或无所谓的态度。而新生代农民工在外出就业的同时，对自己日后的生活有更多美好的憧憬。我们调查结果显示农民工中，住在租赁房和自买房中的比例已经上升到 58.7%（图 2-8），这说明他们对物质有更高的需求。从企业提供的居住和工作条件来看，农民工的居住条件比较恶劣，环境卫生和食物安全条件很差。很多农民工长期夫妻分居，有的虽在同一城市打工，但因居住限制不能过正常的家庭生活。一家老小共居一处，享受天伦之乐者凤毛麟角。

居住方式

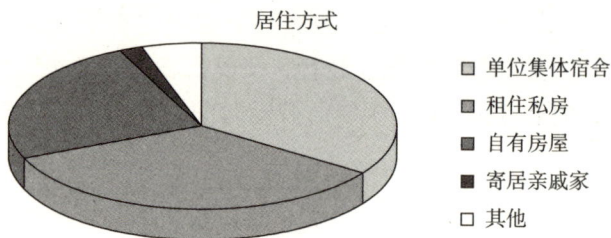

- □ 单位集体宿舍
- ■ 租住私房
- ■ 自有房屋
- ■ 寄居亲戚家
- □ 其他

图 2 - 8　城市外来工的居住方式

2. 文化需求难满足

我们进行的"您所在的企业是否设有心理咨询师?""您所在的企业多久举办企业职工的集体活动?""你们公司有运动,娱乐设施吗?"选项调查,结果如图 2 - 9 所示。从图中看出,70% 以上的公司基本上没有集体活动,60% 以上的公司没有运动娱乐设施。大部分的公司对员工没有心理方面的关怀,更没有心理顾问,公司对员工心理不是太重视。普遍反映,若员工有心理问题比较难通过有效的途径解决。

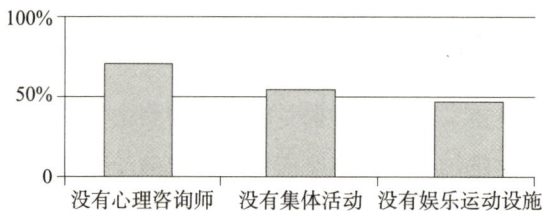

图 2 - 9　城市外来工企业集体活动和心理咨询状况

3. 老家亲人多牵挂

外出打工者与老家的父母、妻儿天各一方,使双方难以安心,难以心情舒畅,存在不安全感自不必言,即使从单纯利益角度讲,也不利于劳动者追求比安全更高的需求层次,让他们积极地学习、成才、贡献实属难为。在我们对农村的调查中,除了"空巢""留守""并校""校车"等大家都关注的问题之外,也发现了另一些问题。譬如"邪教"传播问题,有一例"要求交纳百分之几的收入,允诺可以获得意外之财"。婚姻稳定问题,老公或妻子外出打工,在家一方与其他异性来往者时有所见。也有一些青年人或因条件,或因情感缺失,对老人不孝敬,自顾自,70 岁老人自己种地"自食其力"者并不鲜见。甚至有村民说"有人认为老人长寿折后辈寿"。

如是,在城市产生"失陪族"难以产生学习成才、爱岗敬业、履职建功的积极情感。

七、"就业迟"与"退休早"并存，人力资源与教育资源极大浪费

即使不算养老金等直接经济账，从人力资源利用的角度分析，退休年龄的延迟都是必然趋势。受教育年限普遍增加，入职时间推迟，而在工作期间又要不断学习进修。"充电"占用的时间越来越长，而相应的"放电"时间必须延长。

1. 提前退休是人力资源的巨大浪费

据我们调查，一边是企业一线缺工，一边又有一些官员和事业单位人员提前退休，或在岗无事，很令人费解，但普遍存在。这样的做法，使许多有能力、有技术、有经验的劳动者较早地退出了贡献平台，造成了极大的人力资源浪费，甚至是人才流失。加之一些提前退休人员进入新的工作岗位后，用人单位无需为其缴纳社会保险统筹基金中企业缴费部分，有使用成本低廉的优势，使这部分人员在就业竞争中占据有利条件，易于实现二次就业，一人双薪，白发人挤占黑发人的岗位，加剧正常就业年龄段求职者的就业难度，使各地就业形势更加严峻起来。就他们自己而言，不得不在不熟悉的岗位，不熟悉的同事，不熟悉的环境中去当配角，在职位、薪酬、劳动保护等方面处于劣势，使其自尊心受挫，成就感不足，产生"英雄无用武之地"的感叹，在心理上容易蒙上失落、忧虑、自卑的阴影。有一例很有代表性，唐先生是一位专长于城市道路设计的高级工程师，60岁被"一刀切"退休，被一建筑公司请去做房屋建筑的总工，而他则"象征性"地上班，"例行公事"地签字。

2. 女性比男性提前退休的前提已不复存在

迄今仍沿用的男女退休年龄的差别化制度是1978年制定的规定，已司空见惯。从公平的角度而言，就业压力不应让女性承担，就实际效果而言并未完全达到预期，已如前述。据课题组的调查，过早退休的女性除少数甘于居家侍弄宠物、纵情山水之外，大部分去处有三：第一，寻找第二职业再就业。第二，全职承担家务劳动，从工作单位转向家庭，在家庭中的"地位"降低，她们的劳动常常不被认可，从自我保护的心态出发她们常常成为"事儿妈"，容易造成母子关系、婆媳关系紧张；若子女"离巢"，丈夫则成为"受害者"。第三，侍弄孙辈，隔代抚养、教育责任往往让她们身心疲惫，因溺爱、代沟等原因，教育的效果往往不佳，进一步影响到家庭关系者屡见不鲜，包括婆媳关系，母子关系，以至于子孙、媳孙关系，造成费力不讨好的效果。

由当时的产业结构和产业层级决定，多数职工从事的是体力劳动，而以"体力"作为评判标准，女劳动者提前退休是合理的，有保护女性的良好动机

和实际效果。然而，时至今日，产业大大升级、产业结构变化，而女性受教育的程度与男性并无差别，女性在专业、职业和岗位选择倾向于"轻"，使女性中从事脑力劳动比纯体力劳动者日趋多。即使在体力劳动的范畴内，法律对女性从事四级以上体力劳动、井下、高温、高空或其他有害身体健康工作已做了限定。科学研究只证明了男女体力上有差别，并未证明男女体力衰减速度的差别，而脑力劳动所依赖的"智力"衰减在性别之间亦无差别。女性"第二春"时期，是事业的高峰期，如果在岗位上，其贡献力远远大于青年时期和育儿期。从人力资源角度讲，女性这段时间甚至比男性同期更为珍贵。有一典型事例：教师小高一再推迟生育年龄，原因有二：一是趁年轻要以事业为重，二是要等同为教师的母亲退休好帮她带孩子。这样的事例司空见惯，但稍加分析就能看清，母女二人谁更应带小孩，谁能在工作上更有贡献？

八、"岗位工"与"流动人"并存，劳动者的职业满意度有保留

地处长三角腹地的常州市，经济社会发展水平较高，创造了大量就业机会，并积极改善外来工的工作生活条件与待遇，吸引了 150 万外来人口，接近总人口（510 万）的 30%。在为常州建设发展做出重大贡献的同时，他们幸福吗？他们愿意留下吗？面向 30 岁以下常州中小企业外来工发放 400 份调查问卷，还进行了一些重点访谈，对特殊案例进行了深入采访。

1. 外来工对职场的满意度有保留

表 2-3　外来工对工作环境、收入和与同事关系的问卷调查统计表

工作环境	满意 17%	较满意 38.50%	一般 39.50%	不满意 5%
月　薪	满意 16%	较满意 42%	一般 39.00%	不满意 3%
与同事关系	融洽 36%	比较融洽 48%	一般 15%	糟糕 1%

从表 2-3 可以看出外来工对目前的工作环境满意的占 17%，较满意以上的占 55.5%，但仍有 5% 表示不满意，大多数愿意留在常州工作。说明多数外来工对常州市提供的工作环境持肯定态度，但这种肯定是有保留的。外来工对他们收入持较满意态度的仅占 50%，说明在改善外来工待遇方面还有很大的努力空间。表示与同事关系融洽和比较融洽的达到 84%，这是令人欣慰的，说明常州市开放包容的人际氛围已经形成。在访谈对目前的职场生活不是太满意的外来工时，他们普遍认为，自己在付出辛勤劳动的同时，政府、企业及社会要对他们的住房、医疗及子女入学等方面给予更多关注。

2. 外来工感到工作压力大

对"您现在感觉工作压力大吗?"（A、很大　B、较大　C、一般　D、没有）的统计结果如图2－10所示。

学历与压力成正比

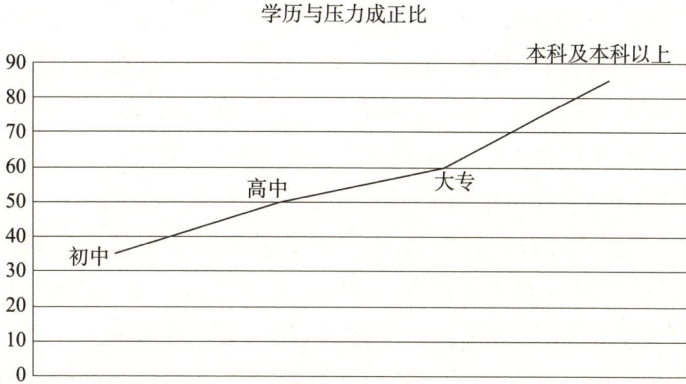

图2－10　常州市不同学历外来工认为自己工作压力"很大"和"较大"比例

可以看出，本科及本科以上的外来工绝大多数感觉工作压力大，学历越低感觉工作压力大的比例越小，初中以下学历者感觉压力大的为30%左右，而有本科以上学历者则达到80%。

将收入、与同事的关系、工作强度、工作环境和公司娱乐活动五个要素分析工作压力与学历之间的关系，结果是，大学及其以上在压力占的权重最大，依次为大专，高中及中专，初中及以下，通过对在相同准则下的数据分析的压力与学历成正比。

表2－4　不同学历外来工职场生活状态表现为工作压力的比较分析

X					Y	
收入	与同事关系	工作强度（工作时间）	工作环境	公司娱乐活动	学历	工作压力
0.3481988	0.3779645	0.2581343	0.3481988	0.3779645	初中及其以下（P1）	0.6722241
0.3481988	0.3779645	0.5164623	0.3481988	0.3779645	高中及中专（P2）	0.7466001
0.522233	0.3779645	0.2581343	0.522233	0.3779645	大专（P3）	0.8350765
0.6962671	0.7559289	0.7745967	0.6962671	0.7559289	大学及其以上（P4）	1.418702

由于青年从业者（无论大学毕业生还是新生代农民工）对自身价值的较高估量，对待遇的较高要求，而缺乏对职业岗位的珍惜，导致多数感觉到自己的工作压力较大，这是一个值得关注的问题。低学历者辞工随意，对未来规划

弱，反倒压力小些；高学历者对事业和生活有更高期待，反而压力更大。但一位企业家如是说：不是看到希望才努力，而是努力才有希望。

3. 企业员工的流动性趋于增大

笔者的调查结果表明，新生代农民工初次进城务工少于 1 年的占 12.3%，1~5 年的占 67.3%，5~10 年的占 16.8%，多于 10 年的占 3.6%；老一代农民工初次进城务工少于 1 年的占 5.7%，1~5 年的占 30%，5~10 年的占 21.4%，多于 10 年的占 42.3%。由此可见新生代农民工打工的年数集中在1~5 年，比老一代农民工在相同年龄打工年数有所下降。

小宋在一所外企工作，她也表示："我们公司员工的压力还是很大的，但公司在员工心理关怀上相对比较少，所以我们必须学会自己减压，收入多少对于现在还年轻的我们来说并不是太重要，关键是要工作得开心，身心愉悦身体健康才是革命的本钱。"这反映出新生代农民工不再把挣钱作为务工的唯一目的，他们不再是为了生存而打工，他们并不急于找工作，而更多的是为了改变生活方式和寻求更好的发展机会。许多企业主发愁，一个人在工作岗位上适应工作要半年时间，形成岗位能力则需 2 年以上，但很多员工随意辞工，很少有在一个岗位上干上 3 年以上的。这表现出员工对工作的热情、对企业的忠诚度和就业稳定性不够。企业则缺乏一批以企业共生共荣、与老板同心同德、为事业努力进取、对技术积极创新的核心员工。

总之，我国发生的"用工荒"现象并非缘于劳动力不足，而是劳动者对发展方式转变的意愿表达，这给予职业教育一个发展、创新的机会。产业升级要求能力培养的有效强化，校企结合是必要路径；现代企业制度要求素质教育的全面推进，知识、技能、态度要同步提升；城乡一体化要求城市要负起培养培训劳动者的责任，通过城乡职业教育的科学统筹，促使经济不发达地区的受教育者也能获得优质职业教育。

(本节主笔：董存田、董晓英、黄瑞玲，协助：徐媛媛、崔伟)

第二节　教育环境：教育倒逼产业升级的机制已经形成

我国的改革开放，从出口加工贸易始，以劳动密集型产业的发展为主要内容，其特征是低知识、低技能、低效率、低报酬、低保障，这恰好迁就了当时我国教育水平低的现实。在相当一段时间，我国的劳动力结构是一个"金字塔型"，仅能从事简单劳动，劳动力过剩。至 1990 年，我国初中毛入学率仅为

66.7%，数以亿计的初中和初中以下文化水平的"农民工"等待就业，对老板而言，他们召之即来，挥之即去。而随着教育的发展，至2009年，九年义务教育固率已达90.8%，高中教育毛入学率79.2%，高等教育毛入学率29%。据《中国流动人口发展报告2010》披露，劳动流动人口中，86.8%接受过初中教育，10.4%接受过大专及以上教育，平均受教育年限为9.9年。劳动力结构已由"金字塔"型变成"枣核型"，有能力（或意愿）从事知识劳动的劳动力大大增加，安于从事简单劳动的劳动力大大减少。而我们的多数企业，缺乏技术创新的动力和产业升级的动力，把利润的来源局限于廉价劳动力，没有为已经发生重大变化的新劳动力提供知识劳动的机会。李钢等认为，我国"民工荒"与"就业难"将长期并存，主要原因是劳动力升级速度已经快于产业升级速度，解决问题的根本途径在于产业升级，而且劳动力素质升级已经为产业升级做好了准备。焦建华等也持类似观点，其通过东部地区的实证分析认为，企业的技术更新和升级力度滞后于职业教育和大学生供给的增速，产业所需劳动力主体是农民工，而产业提供的"升级岗位"出现了短缺，由此产生了"用工荒"与"就业难"问题。甘春华认为，我国农村劳动力转移进入"刘易斯拐点"阶段以及劳动力市场分割造成的劳动力配置的二次扭曲，是产生"就业难"与"用工荒"的主要原因。苏剑等认为，我国经济发展阶段已经达到或通过"刘易斯拐点"，大学生"就业难"和"民工荒"是我国产业结构特征在不同劳动力市场的反映，解决问题的根本出路在于调整产业结构。李宝芳认为，我国经济增长方式、产业结构的不合理、劳动力市场分割和配置效率低下等问题是造成民工短缺和大学生就业困难的主要原因。郑秉文认为，"用工荒"是推动中国实现增长方式转变的一个内生动力，是调整产业结构升级的一个上升拉力，是促进城镇化的一个市场推力。余东华等认为，近年来出现的"民工荒与大学生就业难"并存现象，从本质上反映了我国产业结构不合理、制造业处于全球价值链低端环节，加快发展生产性服务业和促进制造业转型升级是解决"民工荒与大学生就业难"悖论的有效途径。鄢平认为，大学生"就业难"和企业"招工难"现象的根源在于企业还停留在低端的粗加工层面，管理简单，效率低下，无法与素质提高的劳动力市场对接，解决问题的思路是使我国企业的生产选择建立在我国的产业升级结构上。辜胜阻等认为，"用工荒"现象是对现有发展模式的挑战，也是推动经济转型的重要契机。要充分利用"用工荒"形成的市场倒逼机制，通过调整区域产业布局、推进农民工市民化、完善劳动力市场、构建和谐劳动关系及实现城乡协调发展等措施，推进中国发展方式转型升级和健康均衡城镇化战略的实施。袁霓认为，产业结构不合理、城乡二元结构、城市内部存在的"新二元"结构及人力资本不足是大学生"就业难"和企业"招工难"并存的内在原因，调整产业结构、实行积极的就业政策、加大资本投资是解决问题的有效手段。

由以上梳理发现，产业结构与就业结构之间的矛盾是导致农民工"用工荒"与大学生"就业难"并存问题主要原因，解决路径自然离不开产业的转型升级和劳动力市场的统一配置，在这一点上学者们已经基本达成共识。笔者在区域细分条件下，定量分析了制造业结构与劳动力素质结构。

一、制造业结构与劳动者素质结构的现实考查

1. 制造业结构的考查方法

制造业是指对从采掘工业和农业中获得的原料进行加工的工业，结构是指构成整体的各个组成部分的搭配和排列状态。由此，制造业结构就是指整个制造业的行业构成及其相互关系。实证研究中，这种相互关系主要是指制造业各行业的比例关系。同时，对这种比例关系的衡量存在多种途径，如通常我们把重工业在制造业中的比重逐步增加的过程称为重工业化，把加工组装产业的比重逐步增加的过程称为高加工度化，等等。

为与劳动力这一要素相匹配，我们按要素密集度对制造业进行分类，然后用分类后的比例关系来考察制造业的结构。一般而言，按要素密集程度，可将制造业分为劳动密集型产业、资本密集型产业和技术密集型产业。

表2-5　基于要素密集度的制造业分类

产　业	包含的行业
劳动密集型产业	①食品加工业；②食品制造业；③纺织业；④服装及其他纤维制品制造业；⑤皮革、毛皮、羽绒及其制品业；⑥木材加工及竹、藤、棕、草制品业；⑦家具制造业；⑧印刷、记录媒介的复制业；⑨文教体育用品制造业；⑩橡胶制品业；⑪塑料制品业；⑫非金属矿物制品业；⑬金属制品业
资本密集型产业	①饮料制造业；②烟草加工业；③造纸及纸制品业；④石油加工及炼焦业；⑤化学原料及化学制品制造业；⑥化学纤维制造业；⑦黑色金属冶炼及压延加工业；⑧有色金属冶炼及压延加工业；⑨普通机械制造业；⑩专用设备制造业；⑪交通运输设备制造业；⑫电气机械及器材制造业
技术密集型产业	①医药制造业；②通信设备、计算机及其他电子设备制造业；③仪器仪表及文化、办公用机械制造业

需要说明的是，由于以上是从大类产业层面进行的划分，因此存在一定的近似性。对劳动密集型产业的划分主要参考了李耀新等的分类方法，对资本密集型产业的划分主要参考了张军的分类方法，对技术密集型产业的划分主要参考了《中国高技术产业统计年鉴》中的分类方法。在上述分类条件下，就可以用这三类产业的比重来表征分析制造业的结构状况。

2. 劳动力素质结构的考查方法

按表现形式，我们可将劳动分为简单劳动、技能劳动和知识劳动。并且把仅能从事简单劳动的劳动力定义为体能型劳动力，把能从事技能劳动的劳动力称为技能型劳动力，把能从事知识劳动的劳动力则称为知识型劳动力。这是按劳动力素质对劳动力进行的一种分类。当然，严格讲劳动力素质由许多方面组成，如受教育程度、实践技能、生产经验等，劳动力素质是这些因素的综合表现。本文中，为分析方便，我们仅以劳动力的受教育程度表征其素质，并认为，初中及以下教育水平的劳动力为体能型劳动力，高中、中专以及大专教育水平的劳动力为技能型劳动力，而本科及以上教育水平的劳动力是知识型劳动力。具体见表 2 - 6。

表 2 - 6　基于受教育程度的劳动者素质划分

劳动力分类	最后接受的教育水平
体能型劳动力	①小学及以下；②初中
技能型劳动力	①高中；②中专（技工学校）；③大学专科（各类职业技术学院）
知识型劳动力	①大学本科；②硕士研究生；③博士研究生

在我国现有劳动力中，仅具有初中及以下教育水平的劳动力绝大多数是农民工，其主要从事的是体能型劳动。接受过高中、中专以及大学专科教育的劳动力是技能型人才的主要来源，其主要从事技能型劳动。事实上，中等职业教育与高等职业教育是培养该类人才重要载体。大学本科及以上教育水平的劳动力则主要从事的是知识型劳动。有了这样的分类，就可以用这三类劳动力所占比重来表征劳动力的素质结构。

3. 全国范围的考查

依据上述分类，利用 2007—2011 年《中国统计年鉴》中关于制造业的产值数据，可以计算得到表征制造业结构的指标。同时利用 2007—2011 年《中国人口和就业统计年鉴》中的数据，经计算得到劳动力素质结构指标。

表2-7　　国家层面制造业结构与劳动者素质结构　　　　单位:%

年份	劳动密集型产业比重	资本密集型产业比重	技术密集型产业比重	体能型劳动力比重	技能型劳动力比重	知识型劳动力比重
2006	29.62	55.05	15.33	81.43	16.23	2.34
2007	29.70	56.03	14.27	81.13	16.54	2.33
2008	30.15	56.84	13.01	80.28	17.15	2.57
2009	31.37	56.14	12.48	79.71	17.52	2.77
2010	30.83	57.01	12.15	78.73	18.33	2.94

可以看出，资本密集型产业的比重最高，占有明显优势。其次是劳动密集型产业，技术密集型产业的比重最低。从变化角度看，制造业中劳动密集型产业的比重总体呈上升趋势，由2006年的29.62%上升到了2010年的30.83%。资本密集型产业比重的变化也呈总体上升的发展态势，由2006年的55.05%上升到了2010年的57.01%，上升了近2个百分点。技术密集型产业比重则呈下降态势，由2006年的15.33%下降到了2010年的12.15%，下降了近3.2个百分点。上述分析表明，我国制造业在"十一五"期间现出了一定程度的高级化发展趋势，尤其是资本深化的趋势较为明显，但技术密集化的发展趋势受到了阻碍。

从劳动力素质结构的数据看，体能型劳动力的比重最高，占绝对优势。技能型劳动力的比重居中，知识型劳动力比重最低，还不到3%。表明我国劳动力仍然以体能型劳动力为主。从其变化看，体能型劳动力的比重呈逐年下降趋势，由2006年的81.43%下降到了2010年的78.73%。技能型劳动力和知识型劳动力的比重则呈上升态势，分别上升了2.1和0.6个百分点。

4. 对东部、中部和西部的考查

东部主要包括北京、天津、河北、辽宁、上海、江苏、浙江、福建、山东、广东和海南，由于海南数据不全，予以剔除；中部包括山西、吉林、黑龙江、安徽、江西、河南、湖北和湖南；西部包括内蒙古、广西、重庆、四川、贵州、云南、陕西、甘肃、青海、宁夏、新疆和西藏，由于西藏数据不全，予以剔除。

利用2007—2011年各省、直辖市和自治区《统计年鉴》中关于制造业的产值数据和2007—2011年《中国人口和就业统计年鉴》中的数据，可以计算得到表征制造业结构和劳动力素质结构的指标。

从各地区内部结构看，制造业结构方面，东部地区劳动密集型产业和技术密集型产业的比重总体呈下降趋势，分别由 2006 年的 32.28% 和 18.39% 下降到了 2010 年的 31.74% 和 14.95%，尤其技术密集型产业的比重下降明显。资本密集型产业比重呈上升发展态势，2010 年比 2006 年上升近 4 个百分点。中部地区劳动密集型产业比重呈下降发展态势，2010 年比 2006 年下降 4.73 个百分点。资本密集型产业和技术密集型产业比重总体呈上升趋势，分别由 2006 年的 54.93% 和 4.45% 上升到了 2010 年的 58.89% 和 5.22%。与中部和东部相反，西部地区劳动密集型产业比重呈上升发展态势，2010 年比 2006 年上升 5.60 个百分点。资本密集型产业比重则呈下降发展趋势，2010 年比 2006 年下降 5.60 个百分点。而技术密集型产业的比重基本未发生变化。劳动力素质结构方面，不论是东部、中部还是西部，体能型劳动力的比重均呈逐年下降趋势，分别由 2006 年的 70.99%、81.76% 和 85.43% 下降到了 2010 年的 67.61%、78.19% 和 83.69%。而技能型劳动力和知识型劳动力的比重则均呈上升态势。

表 2-8　东部、中部、西部制造业结构与劳动者素质结构　　　　　　单位:%

地区	年份	劳动密集型产业比重	资本密集型产业比重	技术密集型产业比重	体能型劳动力比重	技能型劳动力比重	知识型劳动力比重
东部	2006	32.28	49.33	18.39	70.99	23.43	5.58
	2007	31.74	51.03	17.23	71.14	23.38	5.48
	2008	31.90	52.11	15.99	70.22	24.09	5.68
	2009	32.46	52.45	15.09	69.09	24.71	6.21
	2010	31.74	53.31	14.95	67.61	25.66	6.73
中部	2006	40.61	54.93	4.45	81.76	16.13	2.10
	2007	40.10	55.55	4.35	80.69	17.28	2.02
	2008	40.94	54.78	4.28	80.19	17.87	1.94
	2009	37.40	57.58	5.02	79.63	18.10	2.28
	2010	35.88	58.89	5.22	78.19	18.97	2.84
西部	2006	22.11	71.68	6.21	85.43	12.84	1.42
	2007	23.74	70.17	6.08	85.30	12.33	1.48
	2008	25.16	68.98	5.85	85.17	12.94	1.88
	2009	26.83	66.94	6.23	84.85	13.04	2.11
	2010	27.71	66.06	6.23	83.69	13.64	2.67

从各地区之间的比较看，就劳动密集型产业而言，中部地区的比重最高，其次是东部地区，西部地区最低。就资本密集型产业而言，中部地区的比重最高，其次是西部地区，最低的是东部地区。就技术密集型产业而言，东部地区的比重最高，其次是西部地区，最低的是中部地区。就体能型劳动力而言，西

部地区的比重最高，其次是中部地区，最低的是东部地区，而且它们差异较大。就技能型和知识型劳动力而言，东部地区的比重最高，其次是中部地区，最低的是西部地区。当然，不论是制造业的结构水平还是劳动力素质的结构水平，东部地区最高，而且高于全国平均水平。

二、制造业结构与劳动者素质结构吻合度

1. 吻合度测算方法的选择

按照系统的观点，所谓结构吻合度是指系统与系统之间在结构上相匹配的程度。其表示的是系统之间的符合度、相似性和一致性。依据这样的定义，可以考虑两个系统 X_1、X_2，设表征其结构的指标向量为：$x_1 = (x_{11}, x_{22}, \cdots, x_{1i})$ 和 $x_2 = (x_{21}, x_{22}, \cdots, x_{2i})$，其中 $i = 1, 2, \cdots, n$。则可用下式来度量两系统的结构吻合度：

$$C = \left(1 - \frac{1}{2}\sum_{i=1}^{n}|x_{1i} - x_{2i}|\right) \times 100 \qquad (1)$$

吻合度的值介于 0~100，当两个系统的结构完全相同时，其值为 100；当两个系统的结构完全不相同时，其值为 0。其值愈大表示系统结构的吻合度越高。事实上，该式是通过对保罗·克鲁格曼（Paul Krugman）提出的产业结构差异度指数的改造得到的。在本文中，表征制造业结构的指标向量就是劳动密集型产业的比重、资本密集型产业的比重和技术密集型产业的比重；表征劳动力素质结构的指标向量是体能型劳动力的比重、技能型劳动力的比重和知识型劳动力的比重。

2. 制造业结构与劳动力素质结构吻合度的测算

依据上述方法，可以计算得到制造业结构与劳动力素质结构的吻合度。

表 2 - 9　制造业结构与劳动者素质结构的协调度　　　　　　（%）

年份	全国	东部	中部	西部
2006	48.19	61.29	58.84	36.37
2007	48.57	60.60	59.41	37.55
2008	49.87	61.67	60.75	39.98
2009	51.66	63.38	57.78	41.98
2010	52.10	64.13	57.69	44.02

就全国看，制造业结构与劳动力素质结构的吻合度是逐步提高的，由2006 年的 48.19% 提高到了 2010 年的 52.10%，年均提高速度为 1.97%；东部

地区二者之间的吻合度也总体呈上升发展态势，由 2006 年的 61.29% 上升到了 2010 年的 64.13%，年均上升速度为 0.77%；中部地区二者之间的吻合度是呈先上升后下降的变动趋势，由 2010 年的吻合度要低于 2006 年的吻合度；西部地区二者的吻合度呈上升发展趋势，由 2006 年的 36.37% 上升到了 2010 年的 44.02%，年均上升速度为 4.88%，是吻合度改善最为迅速的区域。同时观察发现，东部地区制造业结构与劳动力素质结构的吻合度最高，中部地区次之，西部地区最低。全国制造业结构与劳动力素质结构的吻合度高于西部地区但低于与东部和中部地区。

东部地区制造业结构与劳动力素质结构的吻合度之所以出现一定程度的提高，主要原因在于制造业中占有重要地位的劳动密集型产业比重、资本密集产业比重的变动与劳动力中占有绝对优势的体能型劳动力比重、技能型劳动力比重的变动分别具有同向性，即出现了一定程度的协同发展。而西部地区由于劳动密集型产业比重与体能型劳动力比重的巨大差异导致其静态吻合度很低，但由于出现了劳动密集型产业比重与体能型劳动力比重、资本密集型产业比重与技能型劳动力比重的双重趋同发展，所以导致其吻合度也是逐步提高的。

三、教育倒逼产业升级的机制

第一，不论是全国，还是东部、中部或西部地区，体能型劳动力的比重均占有绝对优势且远远大于劳动密集型产业在制造业中的比重。这样的结构状况不仅说明中国的劳动力素质还有待于进一步提高。也说明，相对于劳动密集型产业的需求，体能型劳动力的供给在目前的中国还十分充裕，"用工荒"问题的出现并不是由于体能型劳动力供给数量出现短缺造成的，而是由其他因素引发的。正如有些机构和学者认为的那样，经济回升快导致的用工需求增长、强农惠农政策吸引不少劳动力返乡务农以及新生代农民工对工作比较挑剔等均是导致"民工荒"出现的原因。

第二，西部地区劳动密集型产业近年来出现了明显增长，比重逐步加大，而东部和中部地区劳动密集型产业的比重却是逐步减小。这说明劳动密集型产业出现了由中东部向西部的转移。同时，随着国家西部大开发战略向纵深推进，西部地区生产生活条件都得到了很大改善，对农民工的吸引力正在逐步加强。正是这样的发展趋势，减缓了劳动力由西向东的流动，使更多的体能型劳动力留在了西部。笔者认为，这是除上述原因外，导致东部地区"用工荒"问题出现的一个重要原因。

第三，我们知道，资本密集型产业的基本特点是技术装备多且投资量巨大。既然技术装备多，那么生产过程就需要装备操作与维护的大量技能型人才，由此资本密集型产业自然就成为技能型劳动力的主要需求领域。近年来，随着产业资本深化的加速，出现了对技能型人才的大量需求。而本文的计算表明，不论是全国，还是东部、中部或西部地区，技能型劳动力的比重要明显低于资本密集型产业的比重，这一差异的存在是导致"技工荒"问题出现的主要原因之一。当然，这仅是从需求角度进行的解释，若从供给角度看，则需要对目前中等职业教育和高等职业进行仔细反思。本来职业教育教师是培养技能型人才的主要领域，但目前职业教育培养的人才与社会需求的吻合度并不是很高，改革职业教育势在必行。

第四，不论是全国，还是东部、中部或西部地区，知识型劳动力的比重要明显低于技术密集型产业的比重，按常理分析，知识型劳动力即大学本科及以上层次受教育水平的劳动力在市场上应该是供不应求的，可在现实中为什么还会出现"就业难"问题呢？这仍然要从产业结构和劳动力结构两方面进行分析。首先，从制造业整体结构看，近年来制造业升级速度远远低于劳动力素质升级的速度。以东部地区为例，若以资本密集型产业和技术密集型产业比重之和表征产业结构的高级化程度，以技能型劳动力和知识型劳动力比重之和表征劳动力素质高级化水平，计算发现制造业结构的年均升级速度仅为 0.2%，而劳动力素质的年均升级速度为 2.78%，升级速度存在的差异导致产业结构与劳动力素质结构的不协调，进而引发了"就业难"问题。其次，若深入到技术密集型产业内部看，在我国各地技术密集型产业的不少领域中，由于不掌握核心技术和知识产权，普遍存在大量劳动密集型环节，在全球分工中处在加工组装的价值链低端。源于此，该产业更多需要的是体能型劳动力，而非知识型劳动力，由此不仅加剧了"用工荒"问题，还进一步恶化了"就业难"问题。最后，知识型劳动力的供给与社会需求不相适应。突出表现在专业结构与产业结构的不协调以及培养的人才实践与创新能力不强等方面。依据《中国教育统计年鉴》中的数据知，近年来高校管理学类专业毕业生数增长最快，远远高于工科类各专业毕业生数的增长速度，这是学校出于节约办学成本而进行选择的结果。专业与社会需求的不适应，再加上创新能力的匮乏，大学生自然会碰到"就业难"问题。

从上述分析，得出基本结论：就制造业而言，教育倒逼产业升级的机制已经形成。

就制造业结构转型升级而言，首先，广泛存在的劳动密集型产业在国际分工中具有比较优势，其规模很大，但缺乏核心竞争力，因此必须走品牌化之路，着力提高产品的附加值。其次，对于资本密集型产业，应当在深化管理创新与技术创新的基础上，由一般性生产向集研发、制造与销售为一体的高端化生产转型，并努力向生态化迈进。最后，应当以发展战略性新兴产业为契机，推进技术密集型产业的升级，使其逐步成为名副其实的技术密集型产业。

就劳动者素质结构改善而言，离不开职业教育与高等教育的改革与发展。首先，扩展职业教育职能，推进体能型劳动力培训的常态化。目前我国多数的体能型劳动力并没有接受过系统正规的职业培训，应当扩展职业教育机构尤其是中等职业教育机构的职能，通过建立相应的机制，赋予其利用自身资源常态化培训体能型劳动力的职责，逐步提升该部分劳动力的素质。其次，改革职业教育，推进技能型劳动力培养的规格化。要建立按照职业技能规格要求培养人才的机制，加大技能训练，加强工程实践，探索建立富有实效的职业院校毕业生技能等级认证制度。最后，加快高等教育改革，推进知识型劳动力培养的应用化。依据社会需求建立学科专业的动态调整机制，尤其要适当限制文管类专业过快增长的势头。通过产学研合作等方式强化理论的应用性训练，促进知识型人才培养向应用化方向发展。

（本节主笔：王志华，协助：董存田）

第三节　产业环境：产业结构变化给职业教育提出了新要求

只有根据产业结构变化与发展，科学配置资源和调整专业，提升职业教育对社会经济发展的适应性，才能保证职业教育毕业生充分优质就业，发挥每位学生的专长，发挥职业教育为转变经济发展方式、经济结构调整、建设"新四化"功能，不断增强职业教育的吸引力，实现职业教育健康可持续发展。此处以江苏为例，窥见产业结构变化的趋势及其给职业教育提出的新要求。

一、江苏产业结构特点

从"十一五"以来，江苏大力进行产业结构调整和优化升级，"调高、调优、调强"，制订了十大重点产业调整振兴规划，启动了新兴产业倍增、服务业提速、传统产业升级计划，产业结构得到明显优化。新能源、新材料、生物技术和新医药、节能环保、软件和服务外包、物联网和新一代信息技术等新兴产业激发了新一轮优质增长。"十一五"末期，服务业增加值占地区生产总值比重超过40%，比"十五"末期提高5.1个百分点。物流、金融、旅游等服务业快速发展，苏南地区出现服务业投资超过制造业投资的新态势。三次产业结构不断优化，第三产业份额显著增大。

据江苏省统计局披露：新中国成立以来江苏三次产业比重发生了重大变化（如图2-11），第一产业增加值占GDP的比重由1953年的48.4%下降至2012年的6.3%，同期第二产业由19.2%上升至50.2%，第三产业由32.4%转变为43.5%。

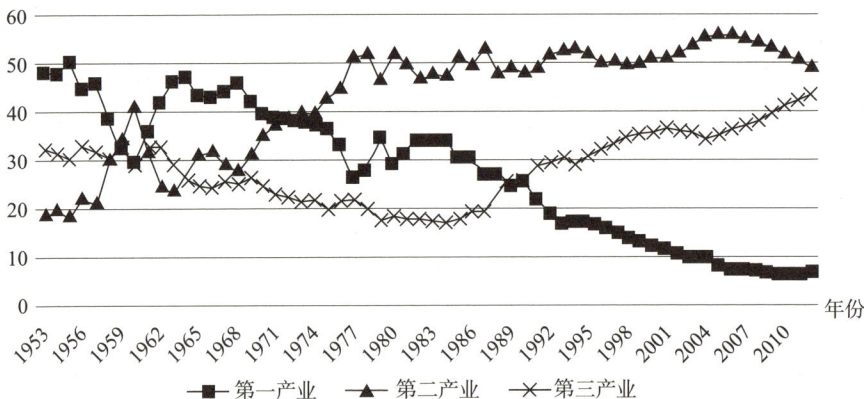

图2-11 1953—2012年江苏三次产业占GDP比重（江苏省统计局）

到"十一五"，江苏经济迈入了工业化、城市化、国际化、市场化互动并进的新阶段。面对复杂的国际、国内经济形势，全省上下积极应对，着力推进产业优化升级。做强第一产业发展能力，加快传统农业向现代农业转变；做优第二产业结构，提升制造业发展质量；做大第三产业比重，加速发展现代服务业。三次产业结构趋向优化，第一产业、第二产业比重呈现稳步下降趋势，而第三产业比重则提升较快。

从业人员的比重变化趋势与三次产业增加值比重变化趋势基本一致。2009年，三次产业从业人员占全社会从业人员的比重分别为25.1:35.7:39.2，与2005年的31.5:34.3:34.2相比，第一产业下降6.4个百分点，第二产业增加1.4个百分点，第三产业增加5个百分点。三次产业从业人员结构实现了"十一五"规划提出的"三、二、一"目标。

江苏的三次产业结构和就业人员结构得到明显改善。2005—2009年，江苏产业结构偏离度逐步下降，到2009年达到37.2，产业结构偏离度下降

10.1%。将 2005 年的三次产业结构（7.9：56.6：35.6）和就业结构（31.5：34.3：34.2）与 2009 年的对应值相对比，反映出江苏近年来三次产业的比重变化与从业人员的比重变化日趋合理。第三产业产值和就业比重持续上升，第二产业产值和就业比重变化相对稳定，第一产业产值和就业比重持续下降，就业结构变动速度高于产业产值变化速度。因此，相对于产业结构变动而言，就业结构调整加快，第二、第三产业成为最具吸纳劳动力的产业领域。

2009 年，全省全年实现服务业增加值 13 555.6 亿元，比上年增长 13.6%，高于 GDP 增幅 1.2 个百分点；占 GDP 比重 39.8%，提高 1.1 个百分点。2005 年以来，江苏服务业呈现出快速发展的态势，在三类产业中占比逐年提高，2005 年为 35.4%，2009 年达到 39.5%，比 2005 年提高 4.1 个百分点，服务业增长速度和服务业占 GDP 比重的提升速度连续两年位居沿海各省市第一位。与此同时，2009 年服务业增加值总量保持全国第二，江苏经济总量在全国的位次由第三上升为第二，其中服务业作出了重要贡献。

然而，即使在江苏，产业结构性矛盾依然突出。其一，工业结构不合理。突出表现为"四个偏高"：一是工业比重偏高。工业增加值占 GDP 的比重达到 50.8%，比广东、浙江分别高 2.2 和 2.3 个百分点。二是重工业比重偏高。江苏产业重型化特征明显，重工业增长持续快于轻工业，重工业增加值占规模以上工业比重达到 68.8%，分别高于广东、浙江 8 个和 14 个百分点。三是"两高"行业比重偏高。冶金、化工、建材等高物耗行业占到整个制造业的 70%，对资源环境形成的压力日益加大。四是传统产业比重偏高。纺织、轻工、冶金、建材四大传统产业销售收入 29 540.7 亿元，占全省工业经济的 41.5%，传统产业在全省经济中具有举足轻重的地位。其二，区域内部产业结构不合理。苏南人均 GDP 已超过 1 万美元（10 141 美元），产业仍以制造业为主，目前二产占 GDP 比重高达 55.4%，三产只占到 42.1%，产业结构优化升级任务相当艰巨。苏中虽处于工业化中期发展阶段，但产业层次总体水平不高，服务业和高新技术产业比重偏低，制造业以传统产业为主。苏北农业仍占相当份额，比重接近 15%，工业占比不到 50%，产业水平整体较低，工业化进程尚需进一步加快。

二、江苏劳动力市场需求特点

1. 劳动力市场供求矛盾突出

2010 年四个季度的求人倍率（需求人数/求职人数）分别为 1.13、1.04、1.08、1.14，结构性矛盾仍然十分突出。一方面，高技能、高素质人才供不应求，各技术等级的求人倍率已连续多个季度大于 1，求人倍率较大的是高级技师；另一方面年龄偏大、无技能的求职者就业困难。

2. 劳动力市场需求结构突变

一是劳动力市场需求主要集中在第二、第三产产业；二是劳动力市场需求呈现了"三、二、一"的历史性转变，二产中劳动密集型的传统产业劳动力市场需求比重逐步下降，技术、资金密集型的高技术产业和装备制造业迅速兴起；三是第三产业劳动力市场需求比重不断上升，第三产业逐渐成为江苏经济增长的重要支撑力量。

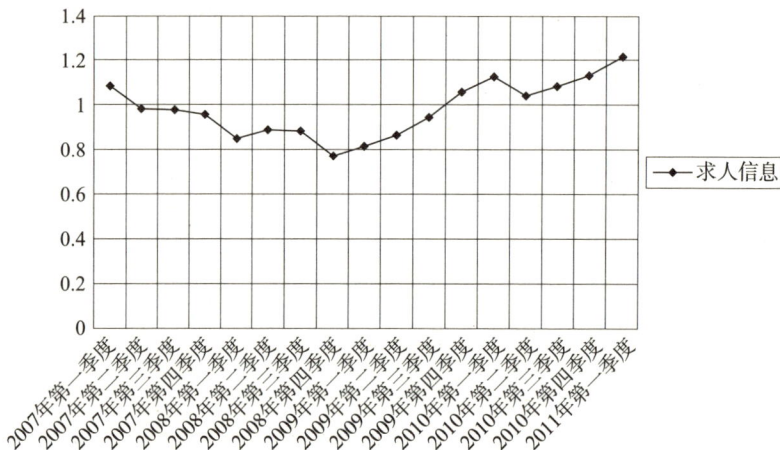

图 2－12　2007—2011 年江苏省劳动力市场人力资源市场供求状况
（江苏公共就业服务网）

3. 劳动力市场需求呈现行业集中趋势

江苏劳动力市场需求行业主要集中在批发和零售贸易、餐饮业、制造业和社会服务业，并呈现持续上升态势，装备制造业、电子信息产业、石油化工产业三类主导产业对劳动力市场人力资源需求缺口仍很大。技术和知识密集型的高新技术产业成为快速增长的第一大产业。服务业从业人员已超过第二产业成为提供就业岗位最多的产业。

三、江苏劳动力市场需求现状

1. 三次产业对人力资源的需求

三次产业对劳动力市场需求结构出现新变化。2010 年江苏省制造业用人需求数占劳动力市场需求总人数的 58% 以上，每季度需求人数与去年同期相比都有 5% 的增加幅度。第三产业对劳动力的吸纳能力增幅超过第二产业，未来将大力发展现代服务业，并在促进第三产业发展的同时鞭策第二产业的升级。

2. 不同行业对人力资源的需求

2010 年江苏第四季度制造业用人需求与第三季度相比减少 56 793 人，减幅为 5.78%，与去年同期相比增加 213 023 人，增幅为 29.89%；批发和零售业与第三季度相比，增幅为 14.35%，与去年同期相比增加了 42.88%；住宿和餐饮业用人需求与第三季度相比增幅为 28.03%，与去年同期相比增幅为 51.37%。可以预测，2011 年第三产业对劳动力的吸纳能力超过第二产业，说明现阶段江苏省服务业发展较为充分，未来只有大力发展现代服务业，才能在促进第三产业发展的同时，带动第二产业的升级。

(1) 对不同文化程度人力资源的需求。2010 年四个季度对中职生人数需求平均达到近 40%，其中对中职生求人倍率最高达 1.27，由此可判断出中职校培养的毕业生人数总体上远少于行业用人需求。

(2) 对不同技术等级人力资源的需求。从技术等级或职称上看 2010 年四个季度各技术等级的求人倍率均大于 1，第四季度高级专业技术职务求人倍率最大，达到 3.38，其次初级专业技术职务达到 2.05。职业资格五级（初级技能）需求人数为 393 701 人，与上年同期相比增加 82 425 人，增幅为 20.94%，求职人数为 364 289 人，与上年同期相比增加 101 079 人，增幅为 38.40%。初级专业技术职务的需求人数为 167 655 人，与上年同期相比增加了 72 569 人，增幅为 76.32%，求职人数为 117 646 人，与上年同期相比增加 136 291 人，增幅为 13.09%。由此可以预测中职校培养的初、中级职业资格的人力资源的需求还在增加，但是行业对高级以上职业资格的人力资源的需求还在明显加大，中职校培养学生职业资格的级别（初级、中级）要上移。

(3) 对不同人力资源岗位的需求。从职业类别看，属于中职校培养的对象：生产运输设备操作工、商业服务业人员需求人数增加比较明显。各大市不同行业对人力资源需求总的趋势与"三、二、一"产业发展状态相一致，但由于各省辖市的经济发展和结构不同，对人力资源的需求也不一样。

3. 新兴产业对人力资源的需求

江苏正加快经济发展方式转变、发展创新型经济，积极推进新兴产业倍增计划，实现新能源、新材料、生物技术和新医药、节能环保、软件和服务外包、物联网等六大新兴产业跨越发展。物联网产业、智能电网产业、软件和服务外包产业等中高级技术人才紧缺，高校、（中高职）培养相应的技术（技能）型人才远远满足不了新兴产业快速发展的需要。目前，江苏省出现新兴产业人才紧缺难题，中职校要围绕新能源、新材料、新医药、环保、软件和服务外包、传感网六大重点新兴产业提前进行专业设置与人力资源培养。

基于上述情况分析，面临产业结构新的调整，江苏职业教育的专业建设存在着以下诸多与产业结构调整不吻合的情况。

第一，专业结构呈现"失衡"现象。从调研中发现，近几年社会对计算机、电子、汽车、机械、医药、旅游类的毕业生需求旺盛，而对会计、园艺、化工、商贸、电焊等专业类毕业生需求较少；同时，不能很好地对接服务外包、文化创意、旅游等新兴第三产业，专业培养规模不能适应用人市场需求。

第二，层次结构性失衡。装备制造业和电子信息产业从业人口的整体文化素质较低，高级工短缺，技师、高级技师极度短缺，已成为江苏主导产业转型升级的瓶颈。

第三，专业与区域特色产业对接失衡。江苏职业教育目前还无法对接区域特色产业，比如苏州的苏绣艺术设计，常州的花卉苗木、特种水产、名优茶叶等特色农业等相关行业的高技能人才非常紧缺。

第四，专业与新型产业匹配失衡。通讯、金融、动漫、新材料、新能源、生物医药技术等新兴行业人才需求巨大，而职业教育缺少与之相配套的专业，即使有的新兴专业，专业实力也不强，且尚未形成与新兴产业相配套的人才培养体系。

这些问题将直接影响未来江苏人才的结构、规格和质量，影响江苏职业教育服务经济的能力，影响职业教育自身的发展。

（本节主笔：马建富，协助：董存田、张胜军）

第四节　文化环境：未来劳动者的就业意愿值得关注

不同文化背景下，人们的价值观念往往存在很大的差异。社会文化环境影响着人们认识事物的方式、行为准则和价值观念。价值观念是指人们对社会生活中各种事物的态度和看法。就业意愿是指人们对未来就业岗位和就业环境的期待与个人偏好，是社会经济发展客观需求与个人发展的主观需求相互作用的结果，受到价值观念的影响。当社会导向积极、公平公正、竞争有序、开放包容，经济层级适当、结构合理、品质健康、劳资和谐之时，人们的就业意愿才会积极、多元、自主、平衡。就业意愿对社会经济发展的反作用力不容小视，资本主义制度造就的希腊懒人们把该国推向破产边缘以致拖累了欧洲，美国青年选择专业普遍远离工农而亲近经法造就了经济的虚拟化最终导致了殃及世界的金融危机。因此未来的劳动者的就业意愿（包含升学意愿）无疑是未来社会的警示器，经济的晴雨表，也是教育的风向标。据此，笔者对未来劳动者（也是潜在的职业教育生源）——初中学生就其升学意向和就业意向发放调查问卷并进行了重点访谈。被调查的初中学生主要来自江苏，少量来自湖南、安徽等地，年级分布为初一学生占24%，初二学生占26%，初三学生占50%。男女比例为29:21。生在农村家庭的占79%，而城市家庭的21%。就学地方面，49%的学生在镇上就学，31%的学生在县城就学，20%的学生在地级市就学。

一、生活环境选择

城市作为人类生产和生活的聚落，早在新石器时代已经产生。随着人类文明的进步，社会生产技术和组织形式的发展以及居住方式的变化，城市作为人类居住的载体不容置疑，不可替代。在我国，长期以来在经济待遇、社会地位和公共服务上的"二元结构"使人们成为城市市民的要求强烈，而随着产业结构的调整，农业现代化水平的提高，城市化也成为社会发展的必然要求。

经调查看出，初中生对于工作环境的选择意愿如图2-13所示，绝大多数初中生选择未来到城市工作，表现为城市的学生选择留在城市，农村的学生基本上也选择走向城市，愿意选择留在农村的仅有6.62%，这符合城市化发展

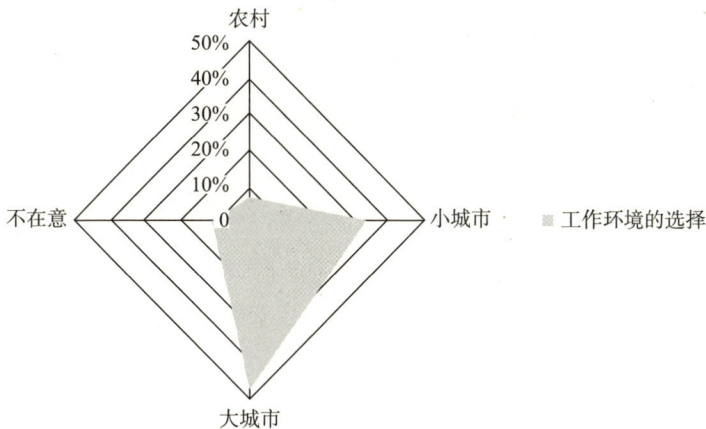

图2-13 初中生对未来就业环境的选择意愿调查结果

的要求。但他们的选择也更倾向于大城市（选择大城市者占到 48.53%），在我国人口众多，人均资源（土地、环境）少的国情下，要以小城镇吸引更多劳动者和人口，以缓解大城市过度膨胀和人口向个别地区过度集聚的压力。

二、就业地点意愿

调查结果表明，近半数希望留在省内就业，更有 27.6% 的初中生希望在"家乡就近"就业，加上希望在省内工作的学生共占 64.4%，而希望到省外的仅有 19.26%，而希望到国外的也达 10.28%（图 2 - 14）。说明未来劳动者对就业地点的选择是多元的，但多数还是"恋家"的。齐凤对石家庄铁路运输学校（中等职业教育）2012 年度毕业生做了类似调查得出相近结果，31.1% 的学生希望留在河北省内工作，25.7% 的学生希望留在石家庄及周边工作，两项加起来占多半。据石琪对城市外来工的调查，选择赚一笔钱回家乡找工作的不乏其人。而据黄瑞玲的调查，江苏省绝大部分农民工充分考虑自己的务工成本倾向于选择离家较近的长江三角洲区域的发达城市务工，在外地务工者一旦发现家乡有较好的工作或在外地受到小挫折，他们会选择"返乡"。

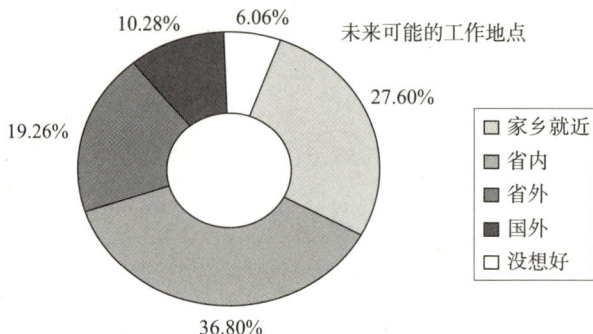

未来可能的工作地点

10.28% 6.06% 27.60% 19.26% 36.80%

家乡就近 省内 省外 国外 没想好

图 2 - 14 初中生对未来就业地点的选择意愿调查结果

这些都说明，随着经济、社会的发展，人们试图向城市集聚，以提高劳动效率，扩大交往范围，享受优质服务的欲望难以阻挡。但人们期望在进入城市的同时也有延续地理、人文习惯的诉求，有保持乡音、乡情的需要。城镇化发展要依据人口分布的状况，调整产业布局，规划城市布点和规模，在保证人们自由流动权的同时，更好地满足大多数人"进城"和"就近"的双重意愿。因此，要给小城镇建设以更大动力，令其基础设施和公共服务接近于大中城市，充分发挥其适宜于工业生产活动，生活成本低等竞争优势。

三、升学意愿

绝大部分（62.21%）初中生选择了读普高（进而上大学），选择读职高的仅 18.73%，与预期 50% 的合理值差距很大，仅有 10.08% 选择直接就业（图 2–15）。这一结果与张志增等早在 2000 年对河北省的 58 个县（市）80 所乡镇级学校的农村初中应届毕业生进行的问卷调查结果非常接近，当时学生选择普通高中为 51.1%，选择中等职业学校仅为 19.1%。而黄斌等于 2010 年对浙江、安徽、陕西三省的调查也表明，"仅有不足 1/5 的被访初中生表示毕业后愿意接受中等职教"。而江苏教育现代化指标体系显示，到 2020 年，高等教育的毛入学率将达 60%，未来劳动者追求高学历的愿望将接近得到满足。

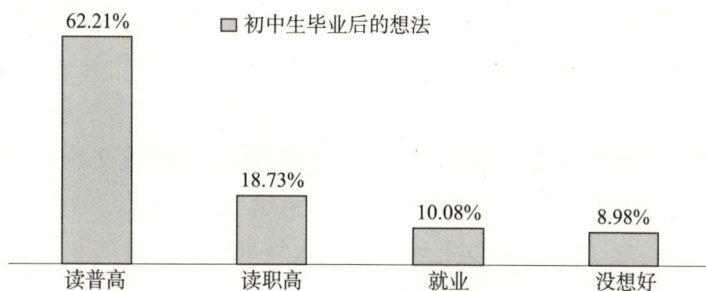

图 2–15　初中生对升学或就业的选择意愿调查结果

我国的改革开放，从出口加工贸易始，这恰好与当时我国教育水平（高识字率，强纪律性，低专业水平）相适应。当时，劳动力结构为"金字塔型"时，大多数人处于其底端，仅能从事简单劳动。随着教育的发展，劳动力的平均受教育年限大幅度增加。劳动力结构已变成"枣核型"，有能力（或意愿）从事知识劳动的劳动力大大增加，安于从事简单劳动的劳动力大大减少。因此，职业教育必然与产业升级和经济转型并行，只有如此，才能保证未来劳动者优质就业，成功发展。

四、就业偏好

初中生在工作单位选择结果如图 2–16 所示，有近半数的学生选择进入大型企业，18.59% 选择小企业，23.59% 学生选择进入公共部门，只有 14.9% 的学生选择合伙经营或个体经营。这一结果与腾讯–麦可思对大学毕业班学生的调查结果相吻合，该项调查显示，国有企业成为首选，占被调查的 30.2%；

可能的工作单位

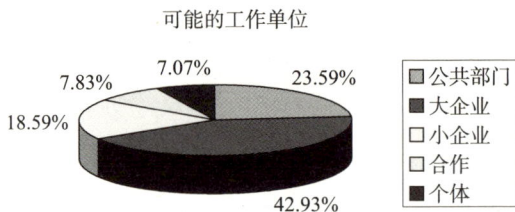

图 2－16　初中生对未来就业部门的选择意愿调查结果

其次是事业单位，占被调查的 28%；再次是政府机关，占被调查的 20.9%；外资企业占被调查的 17.6%；民营企业和自己创业的比例很小，分别占 4.7% 和 4.2%。但据刘海玲调查统计，大学毕业生就业流向，党政机关大概占 1%；事业单位大概占 10%；到国企的比例大概是 7%；再除去约 10% 继续读研究生和出国的，其余 70% 左右毕业生就业出路主要是到各类私营企业和城乡基层社会服务岗位就业或自主创业、灵活就业。据石琪对常州市外来工进行调查，将收入、与同事的关系、工作强度、工作环境和公司娱乐活动五个要素分析工作压力与学历之间的关系，结果显示本科及本科以上的外来工绝大多数感觉工作压力大，学历越低者感觉工作压力大的比例越小，初中以下学历者感觉压力大的为 30% 左右，而有本科以上学历者则达到 80%。这种就业意愿与实际需求的落差，早在 10 年以前的初中时代形成了。

调查结果表明，初中生对行业的选择意愿具有多元化特征，选择金融业占了最大的比例（11.08%），信息产业和建筑业也比较受欢迎，但选择农林牧渔业者仅为 3.15%，选择制造业、采矿业等实体经济行业者远未达到预期数值。在与初中生座谈时也发现，对于金融、房地产、IT 等感兴趣并有所期待的同学远远多于机械、汽车、化工的，更毋宁说农业、矿业。行业选择隐含的是对劳动强度和环境等的选择。邢美华等基于湖北省 6 县的农民工调研也看到，愿意从事"居民服务业"和"商务服务业"的占 26.4%，"从事通运输业""住宿和餐饮业"分别占近 18%，愿意从事"小商品加工业"的占 12.1%，从事"建筑制造产业""批发零售业"的分别占 9.9%、8.8%，仅有 6.6% 的人希望从事"农产品加工行业"。可见未来的劳动者的职业选择意愿表现出"求高""求轻"特征，而这与现实的劳动者的选择是一致的，说明这些选择倾向具有稳定性和持续性。

劳动者的就业意愿，提出了诸多难课题和硬任务，涉及公共政策，经济制度，文化环境等。就教育尤其是职业教育而言，第一层次是解决人们愿意选择

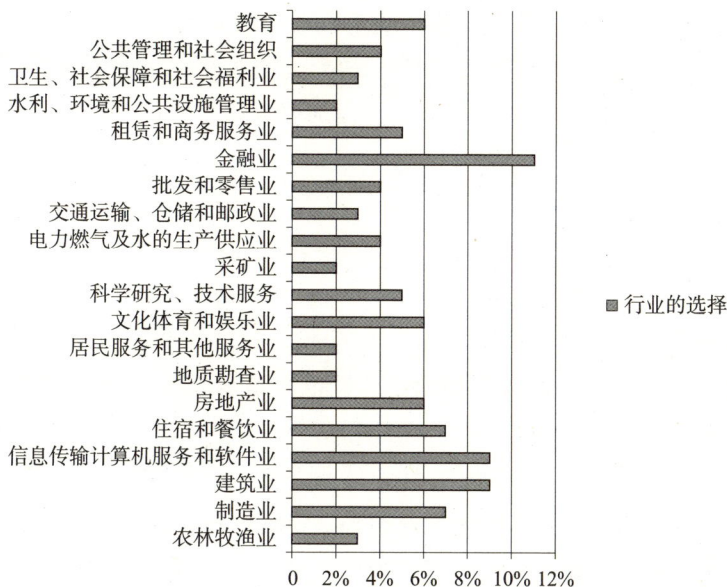

图2-17　初中生对未来就业行业的选择意愿调查结果

职教，愿意选择工、农、服务岗位的问题，涉及就业、待遇、舆论、居住、流动、退休等；第二层次是解决职业教育质量问题，包括高等教育、家庭教育、终身学习、企业参与、在岗培训等；第三层次是解决职业教育保障问题，如法制、文化、人力、税收、利益等。而职业教育也需要社会文化环境的优化。

第一，为职业教育造势。

职业教育的发展是就业、乐业、成业的前提，而职业教育发展的前提是学生、家长、公众认同职业教育，这就要求创造更为有利的文化环境，要着力创设培养公民接受职教，珍惜职业的情感。让职业教育渗透到基础教育中去，小学要认识职业，初中要接触职业，高中要参加职业劳动，学会选择职业定向。高等教育要强化职业教育因素，努力培养应用型人才。提高职业教育在各类教育中的地位和在民众中的认知度和认可度。大力宣扬职教改革对当地经济社会发展的贡献，宣扬职业学校培养的优秀人才取得的突出成绩，宣扬职业教育为成就毕业生的事业发展和生活幸福发挥的积极作用。

第二，培育尊重劳动风尚。

教育资源要重点宣扬劳动和创造，帮助每个人树立因自己的岗位劳动成果而自豪的情怀，让人们在官、管、技、工之间做选择时是基于爱好和专长，而非势力与不公。家长要明白，教育自己的孩子热爱劳动，愿意用双手创造生活，比教他弹古筝、学奥数更重要，更有利于他将来的幸福体验，况且热爱劳动绝不会妨碍成名成家，君不见曾立志做个公交车驾驶员的刘洋当了航天员？幼儿园的阿姨、阿叔们要让小孩从三岁就认识劳动，模仿劳动，崇拜劳动者。各级各类学校要懂得，人人都可成才，成才类型各不同，要毫无偏见地发现和鼓励那些短于符号认知，长于动手劳动的学生，并成就他们。社会教育要注重提高技能人才、急难险重劳动者的社会地位和礼遇。

第三，创新现代职业文化。

学校教育要与地方经济、文化、社会接轨，中学阶段（包括普通高中、初中）要注意发掘地方产业优势和产业特色，培养学生对产业的关注度和对岗位的自豪感。要把学生的一部分时间和精力（至少1/3）从符号系统中解脱出来，走向大自然，走向劳动第一线，体验人生，学会劳动，有效开展对青年人的就业指导，帮助他们做好生涯规划。高等教育和职业教育更要注重培育岗位建功，责任第一，服务人民的高尚情怀，树立保护环境，重视安全，关注健康的道德情操。社会教育强化岗位准入制度的宣扬，强化对妨碍安全、环境、健康法律道德责任意识，让劳动者敬畏劳动，珍视岗位。

教育的目的是培养社会主义的建设者和接班人，愿意动手建设，肯于接岗位之班是内中之意。唯此，教育才有其存在的必要和发展的可能。

（本节主笔：董存田，协助：陈雪平、张胜军、徐媛媛）

本章小结

政府职业教育领导力的发挥有赖于对经济、社会、文化以及教育等环境变化的准确评估。

经济环境：无论从数量和质量上，人力资源都已成为经济发展的限制性资源，"用工荒"普遍发生，这是劳动者对发展方式转变的意愿表达，给职业教育提供了一个发展、创新的机会。就业比较优势将增强职业教育对生源的吸引力，供求关系变化会促动行业企业更积极地参与产教融合。

教育环境：由于教育的发展，劳动力结构已由"金字塔"型变成"枣核型"，有能力（或意愿）从事知识劳动的劳动力大大增加，安于从事简单劳动的劳动力大大减少。产业结构的升级速度低于劳动力素质的升级速度，导致了"用工荒"与"就业难"同时出现的局面。教育倒逼产业升级的机制已经形成。

产业环境：以江苏为例，第三产业对劳动力的吸纳能力增幅超过第二产业，现代服务正在鞭策第二产业的升级，正积极推进的新能源、新材料、生物技术和新医药、节能环保、软件和服务外包、物联网六大新兴产业的跨越发展，中高级技术人才紧缺，高校、中高职培养相应的技术（技能）型人才远远满足不了发展的需要。

文化环境：经对未来劳动者（也是潜在的职业教育生源）——初中学生的调查，对就业地点的选择大多数有"进城"和"就近"的意愿，行业选择意愿具有多元化特征，但选择读职高的仅 18.73%，普遍不愿意选择一线的、劳动强度大的生产岗位。职业教育也需要社会文化环境的优化。

第 三 章

地方政府职业教育领导力评价模型研究

研究地方政府职业教育领导力需要开发一种有效的评价模型，据此对地方政府领导者的职业教育领导素质、能力和作为的内涵进行解析，为政府职业教育领导者的选拔、培养、测评等提供参考依据与衡量标准，也为政府职业教育领导者进行实践反思、知识积累和能力提升策略勾勒一条参考路径。

第一节　地方政府职业教育领导力评价模型的素材梳理

地方政府职业教育领导力评价模型，需要体现三个特征：第一，思想性与实践性统一。考察地方行政领导者职业教育领导能力，首先，坚持马克思主义的基本原理，坚持党和国家对行政领导者的基本要求。同时，从领导者对职业教育事业的领导实践活动出发，既来源于实践，服务于实践，又要高于实践，从而能够对实践具有指导价值。第二，共性特征与个性发展统一。全面考察地方政府领导者职业教育领导能力，首先是从地方政府领导者行政能力视角考察，如执行力、创新力和学习力等，更重要的是从职业教育发展的特定视角考察，如统筹协调、资源配置、评价反馈等，其次要注意从职业教育的相关主体的不同视角进行多维考察。第三，理论研究与实证分析统一。地方政府领导者职业教育领导能力考察点来源于公理、常识、经验和实证，领导科学与职业教育科学理论的累积为形成考察点的框架打下了深厚基础，而职业教育的现实要求和鲜活经验则为考察内容提供了依据，因此，使其具有很强的现实性，力图管用、能用、好用。

通过专题调研、文献研究，积累大量第一手资料，运用"头脑风暴"和"思维魔球"方法，分析、归纳，拟出执行力等9个考察点和36个分考察点，如是，提出了"地方政府职业教育领导能力"评价模型的基本框架，如表3-1。

表3-1 地方政府职业教育领导力考察要点（初稿）

考察点	分考察点	考察点	分考察点	考察点	分考察点
执行力	依法行政	协调力	领导之间	应变力	变通不当政策
	依法办学		上下级之间		应对不顺形势
	决策机制		领导与业务部门		改善不良环境
	发展规划		教育系统内、外		克服不利条件
创新力	创新动力	统筹力	各类教育	监控力	效率督导机制
	创新思维		城乡		纪律监控体系
	创新举措		跨地域、区域		自我批评风气
	创新成果		职教与经济社会		奖惩制度
支持力	人才资源开发	学习力	现代教育思想	评估力	要素分析
	物力投入		他山之石		信息渠道
	财力拓展		调查研究		成果评价
	文化力强化		反思求变		反馈机制

（本节主笔：董存田，协助：朱军、崔伟）

第二节 地方政府职业教育领导力评价模型的框架测试

为了检测被调查者对地方政府职业教育领导力考察点的理解程度，我们就考察点、分考察点，在不给任何内容提示的情况下，向江苏省236名职业中学骨干教师发放了问卷，请求他们就指标所涉及内容给出对当地形成领导者的评价意见（5级制），得出如下结果。

一、教师对36个分考察点的评价

在调查过程中，受访者就所有的分考察点给出了答案，并提出了诸多解释性意见，而受访者在被要求"提出其他考察点建议"时仅有5人应答（经分析认为可由已预设考察点所覆盖）。从图3-1可以看出，江苏省职业中学骨干教师对预设的地方政府职业教育领导力考察点都能给出评价，并在不同考察点之间有极高的区分度。这说明本研究对考察点的设定与地方政府职业教育领导力评价要求基本吻合。

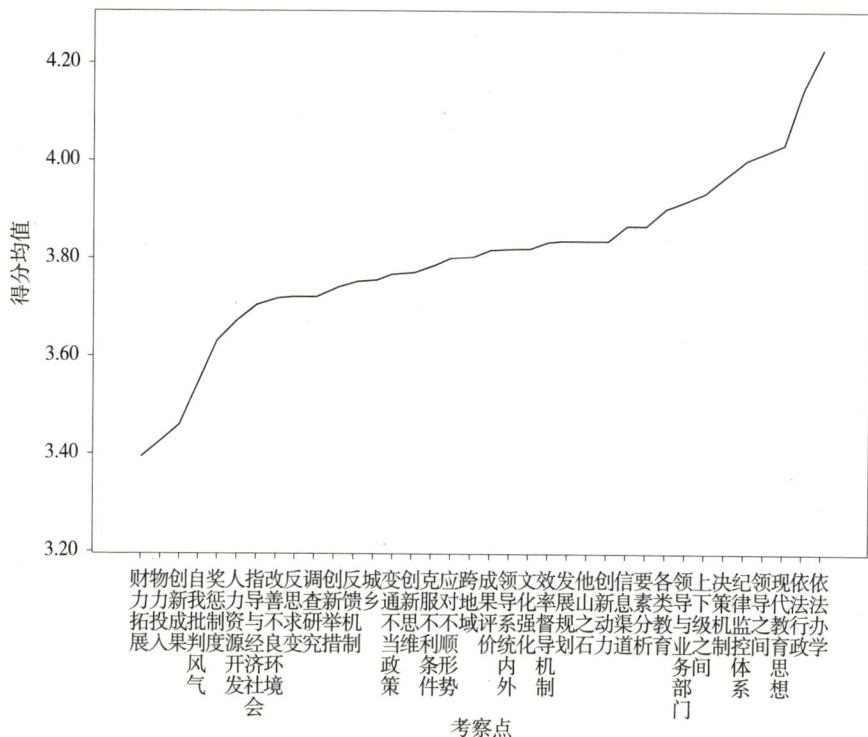

图3-1　江苏省职业中学骨干教师对地方政府职业教育领导力分考察点的评价

二、教师对9个考察点的评价

基于对36个分考察点的打分，归纳出受访者对9个考察点的综合评价意见表明，从教师视角对他们感受最深的考察点，如创新力、支持力，评价较低，而且在此两个方面提出了许多具体要求和建议，如增加招生、培养过程的投入，教师进修交流等；而对标明领导者一般能力的执行力、协调力等评价较高，同时关注度较低，如图3-2所示。这说明对地方政府职业教育领导力评价要更多地从被领导者（职业教育第一线）中获取信息，更多地以职业教育发展的实绩作为评判依据。

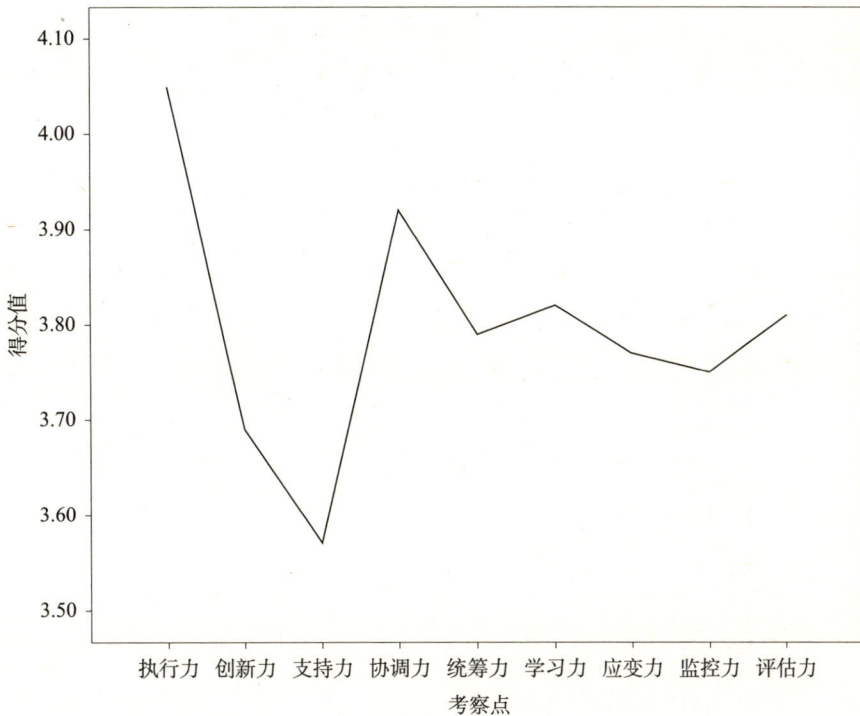

图3-2　江苏省职业中学骨干教师对地方政府职业教育领导力考察点的评价

三、聚类分析

使用 Ward 聚类分析方法进分析的结果如图3-3所示。

从图3-3可以看出可将原来9个考察点合并成三类。第一类：应变力，评估力，监控力，协调力，统筹力；第二类：执行力，支持力；第三类：学习力，创新力，统筹力。从中可以发现，所设定的考察点和分考察点存在内容的重复和交叉，有精简、归并的空间。

（本节主笔：董存田，协助：陈雪平）

使用Ward联接的树状图
重新调整距离聚类合并

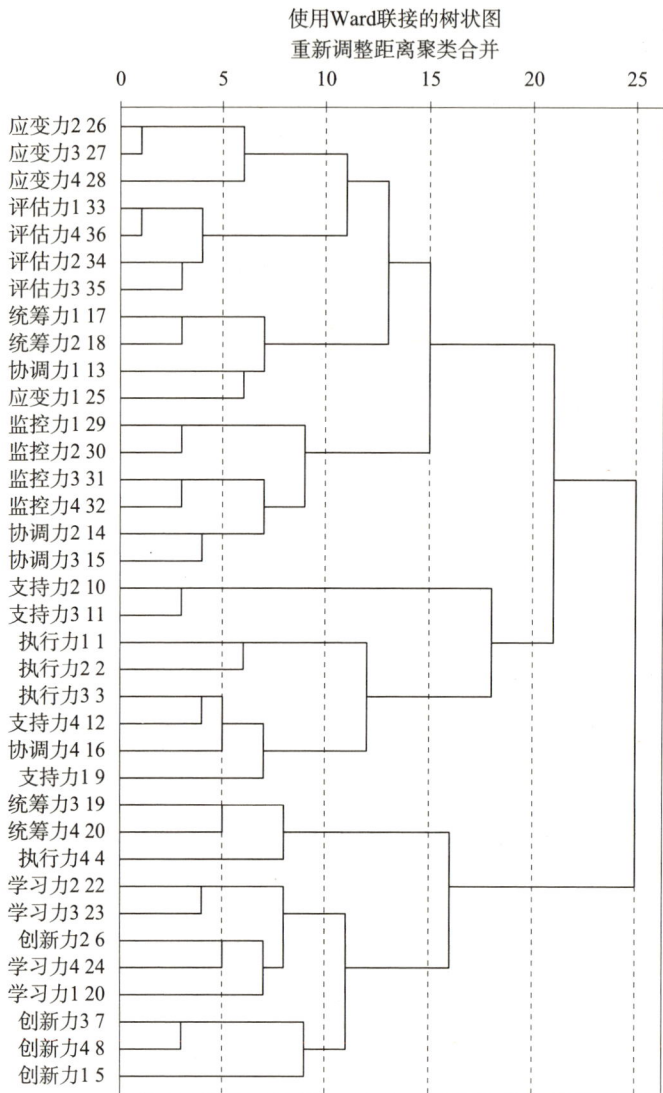

图3-3 依据江苏省职业中学骨干教师评价对
地方政府职业教育领导力考察点的 Ward 联接树状图

第三节 地方政府职业教育领导力评价模型的内涵构造

在调研分析的基础上，研拟出地方政府职业教育领导力考察要点（初稿），包括执行力等8个考察点和32个分考察点，并对其内涵进行描述、解析和阐释，为进一步深入研究提供了一个模板。

一、执行力

1. 依法行政

认真贯彻职业教育法，依法对职业院校和各类职业培训机构的办学行为加以规范、监督落实国家在财政、劳动、经济、文化等领域的政策、法规，调节教育资源的配置，推动职业教育事业的健康发展。地方制定的规范性职业教育法律文件有上位法的依据，符合本地区的教育现状和发展实际，实施后取得实效。

2. 依法办学

政府教育和劳动管理部门转变职能、转换角色，从具体办学中超脱出来，着力做好政策制定、宏观规划、统筹协调、监督指导等工作。切实保证职业院校在专业设置、招生方式、招生规模、学籍管理、课程开发、教师聘用及经费使用、分配奖惩等方面的自主权。指导办学机构建立起科学、民主的决策程序和管理程序，形成自我发展与自我约束的机制，成为面向市场、面向社会的办学实体。

3. 决策机制

建立健全职业教育决策的专家咨询论证、公众参与、合法性评估等制度，完善规范性文件的制定程序。保证办学机构设置与撤销，招生与学制，就业及待遇，专业设置与布局等重大事宜决策方案，科学合理。高度重视对决策效果的预期性评估论证（包含不可行性论证），并能在执行中和执行后对实施效果进行客观评价。

4. 发展规划

在认真调查研究情况的基础上，有连续的职业教育长远的规划（10年以上规划），其预期目标符合服务地方产业发展和劳动者就业需求。规划中列出的措施具有创建性、预见性、针对性、可行性和实操性，能够保障规划目标的实现。当地政府和主管部门所实施的相关政策和措施与规划相一致，职业教育的参与者知晓规划目标和自身任务。

二、创新力

1. 创新动力

客观分析本地职业教育的发展需求、能力水平、环境状况、制约因素，有立足本职、改变现状、突破瓶颈的紧迫感。深入了解本地劳动力资源与就业市场的现状，从劳动力数量、结构、去向和变化动态的前瞻性判断中找准改革方向。科学评价本地职业教育管理创新的能力，对创新资源的存、增或借的可行性有正确的判断。

2. 创新思维

领导者自身努力冲破惰性和惯性，不满于现状和已有的知识和经验，积极探索职业教育发展的本质和规律，正确、有效地观察问题，分析问题和解决问题。积极营造独立思考，大胆试验的氛围，支持职业学校独创性地寻求没有先例的办法和途径，开辟出职教实践活动的新领域。在职教系统形成了多角度、多侧面、多方向地看待和处理事物和问题的行事风格，保护和培育一批有独到视角和独到见地的人才。

3. 创新举措

体现独创性，在现有政策或经验的盲点上，创新设计，先行先试，特事特办，提供政策制定的经验依据。追求超前性，在前瞻性研究的基础上，针对职业教育的重点、难点问题，先于区域外采用新的发展路径和改革措施。把握变通性，对于国家、上级政策中明显不符合本区域职业教育发展实际情况的部分，组织独立研究，形成更加务实高效的方案；对区域内个性、处境不同的办学者、执教者或受益者给予充分并可控的自主探索和裁量空间。

4. 创新成果

推出新思想，提出新理论、新方法或新成果，制定新战略，能够更好地满足社会需求，并比以往和常规更好地达到职业教育发展目标。遇到不利的宏观形势时，通过对经济制度和社会运行管理的改革，或对阻碍职业教育发展的社会舆论、文化、氛围的改善，保证职业教育健康发展。职业教育改革的思路或成效对区域内其他事业的改革发展起到推动作用或在区域外职业教育的发展中发挥参照功能。

三、支持力

1. 人力资源

有效保证职教师资（教师、管理人员）的来源、数量和质量，整合劳动、产业等部门兼职教师力量，解决人力资源从外到内的问题。建立保持与激励机制，解决人力资源行为积极性的问题，通过控制与调整，解决行为方向的问题，形成热爱职教，专心职教，研究职教的风气。重视并切实采取行动加大师资培训力度，为提高职业教育个性标准评价的教学水平创造条件，推动企业和职业院校的人员交流互换。

2. 物力投入

对职业学校在土地、房屋、设备、物资等方面给予充足的、持续的投入，并有效保障学校的校产使用权，有力保护校园及周边安全。力促行业、企业实质性参与职业教育，有效调动企业在产学合作和服务职教中的积极性，支持学校在企业建立满足学生专业实践的基地。建立有效地管理制度和监控机制，确保职业学校的资产管理与运作科学高效，实现保值增值，提高使用效率，优先保证教学实习需要，尽力发挥社会服务功能。

3. 财力拓展

贯彻国家教育经费政策，保证教育费附加用于职业教育比例保持合理比例，落实企业足额提取教育培训经费，满足职业教育专业建设和人才培养的特殊需求。积极探索与企事业单位、其他教育机构、社会团体及个人合作方式，实行多元投资并举的办学体制，促使行业、企业及社会力量真正成为举办各类职业教育的主体。积极争取各级、各类职业教育专项、建设试点、研究课题、合作共建、发展援助、优秀成果奖励等资金，提高优质资源建设的水平。

4. 文化力强化

把握宣传方向，引导社会舆论，为职业教育的积极造势，提高职业教育在各类教育中的地位和在民众中的认知度和认可度。提高技能人才的社会地位，形成有利于技能人才培养与使用的良好环境，创建尊重劳动、尊重劳动者的社会风气。发掘当地产业优势和产业特色，创新现代职业文化，有效开展对青年人的就业指导，帮助他们做好生涯规划。

四、协调力

1. 领导之间

政府树立起"抓职教就是抓经济"的观念，加强对职业教育工作的领导，切实承担起发展职业教育的责任，推进职业教育的改革与发展。在政府领导下的职业教育与培训管理委员会，能够有效地统筹本地区职业教育与培训的领导和管理资源，及时解决职业教育与培训中的主要困难和问题。

2. 上下级之间

完善"分级管理、地方为主、政府统筹、社会参与"的职业教育管理体制，建立政府职业教育工作责任制，明确市级人民政府统筹职业教育的职责。

教育主管部门在本级人民代表大会职业教育决策制定中有充分的建议权，是本级政府在职业教育行政的主导部门。教育主管部门被授权并有能力在上级教育主管部门的政策指导和本级政府行政决策之间起到调和作用。

3. 领导与被领导

政府处理好政府与学校、培训机构、企业、公众的关系，处理好政府与市场的关系，逐步从职业教育培训的"提供者"转为职业教育培训的"购买者"。政府职能合理定位主要负责制定相关政策、法规，合理引导、宣传，加强规划、监督、调节、规范、准入，提供信息服务等。给予职业教育的办学主体以更多的办学自主权，积极培育行业协会组织，开展行业职业教育，鼓励他们设立职业培训机构。

4. 教育系统内、外

明确教育部门统筹管理职业教育的责任和义务，由教育部门牵头，建立职业教育工作联席会议制度，发展改革、经贸、财政、农业、人事、劳动与社会保障等部门参加，充分发挥其协调功能。教育部门与劳动部门之间的沟通和协调，二者在技能人才的教育培训中做到既分工明确，又紧密协作，促进学历教育与非学历教育、学历证书与职业资格证书的融通。

五、统筹力

1. 各类教育之间

建立职业教育与职业培训并举，职业教育与其他教育相互沟通，与经济社会发展相适应的职业教育体系，把职业文化的因素渗透到正规教育、成人教育、技术教育、特殊教育、终身教育之中。把职业教育和基础教育放在同等的位置来抓，保证中等职业教育与普通教育之间的合理比例，职业类学校与公办高中均衡发展，促进教育结构优化发展。促进中职和高职，普通教育和成人教育的衔接和沟通，探索中、高职衔接贯通和构建职业教育体系的有效机制。

2. 城乡之间

根据城乡职业教育资源特点和各自的比较优势，利用城市的优质职业教育资源，有效地开展旨在促进农村劳动力向城镇转移的职业教育与培训，以满足本地区产业发展的需求。把招生与招工融为一体，形成制定规划，分解任务，安排资金，提供条件，指导就业的系统，系统保障劳动力数量、结构和质量，实现就业供需两利。支持大中型企业或地方行业系统自主开办职业教育机构，或生源地职业学校定向培养所需的劳动者，做到岗位目标明确，能力标准统一，校企联接通畅。

3. 跨地域、区域

科学分析职业学校毕业生就业流向，区分"输出""就地""引入"和"双向"等主要服务目标，调整专业和课程设置，实施合理的、有针对性的招生、就业政策。实施跨域合作办学模式，根据区域不同发展需要有效运用生源供给、跨域招生、跨域校企合作或分段培养等措施。为职业学校毕业生在本地或异地就业提供信息、咨询服务，拓宽毕业生就业渠道，积极协助符合条件的职业学校毕业生到国（境）外就业。

4. 职教与经济社会

认真调查研究并熟知当地产业结构对各类人才的需求情况，有针对性地设置专业，确定招生规模比例，设计培养方案，开发培训项目，指导就业。组织行业主管部门积极参与职业教育管理工作，配合教育行政部门制定技能人才培养规划、开展人才需求预测，支持和协调职业院校与行业企业合作。科学调节职业教育与经济发展的交互关系，使产业发展需求、职业教育能力和学生就业意愿三者之间相互协调，实现统一。

六、学习力

1. 教育思想

系统了解现代教育思想脉络，使其成为当地职业教育不断变革、发展和进步的重要动因，解决职业教育活动的技术、技能和方法问题。以理性的精神、科学的态度和民主的方法，去倾听不同的教育思想、主张、意见，并且及时地调整教育目标、改进教育策略、完善教育技能等。明了国家在管理和发展职业教育事业的过程中以教育法律、法规和政策等表达的教育思想，并使其体现于本地区的职业教育的法规和政策中。

2. 他山之石

持续地关注和学习国内、外职业教育的成熟经验、优秀成果和高效做法，通过吸收、改进、整合补充形成本地的领导方法、管理思路、办学机制或教学模式。积极推进职业教育领域的区域间或中外合作办学，引进优质职业教育资源，直接借鉴合作方发展职业教育的有益经验、办学理念，并相互趋近，形成新模式。引进通用性强、具有较高权威性的职业资格证书及资格证书培训体系，提高人才的通用性，为职业学校毕业生域外、境外就业创造条件。

3. 调查研究

领导者养成深入实际习惯，重视现场考察，了解一线教育工作者、学生和毕业生对职业教育政策、行为和效果的真实看法。系统持续地采用调查、统计、分析手段，明晰本区域职业教育发展的真实状况，探求职业教育的真相、性质和发展规律。拥有足够的样本调查毕业生就业、适应岗位要求和发展情况，了解毕业生对所受教育的意见建议，借以评判教学效果。

4. 反思求变

依据职业教育的新理论、新成果、新政策，进行自我观照、自我分析、自我评价、自我总结，从而获取新的认知，获取创新性成果。运用通过调查研究获得的数据、事实、结论，客观而理性地分析和评价本区域教育行为及结果，总结经验，吸取教训，调整教育目标、改进教育策略。对照国内外的新经验、新模式、新案例，发现、提取、归纳可借鉴之处，用于完善教育技能、创新管理办法。

七、监控力

1. 效率督导

建立完善的教育督导机制，对所辖区的职业教育工作进行监督、检查、评估、指导，使国家有关职业教育的法律、法规、方针、政策得到全面落实，有效地使用社会资源以满足职业教育的发展和需要。对校长的办学理念、决策领导、规划执行、难题破解、教师发展、学生成才方面的能力和成就进行综合评价，监控其发展目标实现程度，及其路径、手段的有效性或未达成目标的合理性。强化教育教学绩效考核，对教师德育、教学、教育教学研究、实践创新、服务社会、进修提高情况进行科学评判，尤其重视对不同层级、不同分工教师的个别要求。

2. 纪律监控

重视政风行风建设，发挥教育行风监督队伍、教育督导队伍作用，规范教育行政行为，开展学生和社会对学校、学校对教育行政部门的满意度评议。加强校长、教师队伍建设，管严办学行为，提高师德水平，加强学业管理，确保颁证信誉，优化后勤服务，规范校企合作，严控教育收费。加强教育系统内部审计，对财务收支、经济活动的真实、合法和效益进行独立监督、评价和整改督察，规范内部管理，加强廉政建设，维护自身合法权益，防范风险，提高教育资源使用效益。

3. 自我反省

严格自检，敏锐内观，建立反思自纠制度，形成自我批评风气，定期对于管理中得失做出客观评判，发现问题，及时予以纠正。民主管理，畅通言路，自觉接受监督，倾听来自基层意见，征求系统外部反应，求助专家指导，不断调整目标、策略与方案。把握形势，积极应变，在社会经济发展环境发生改变，法律、政策发生变化，或教育资源、能力出现变动时，妥善应对。

4. 奖惩制度

建立科学的绩效奖惩制度，强调管理者和教师的升降与退出制度。强化目标管理，严格以岗定责，坚持责任追究，避免办事拖拉，相互推诿扯皮。弘扬法治精神，建立纪律处分制度，净化教育环境，苛责领导者与权威人士。

八、评价力

1. 指标提取

坚持以就业为导向，把就业率和就业质量作为衡量职业学校办学质量和地区职业教育状况的首要指标。坚持以能力为本位，把学习能力、实践能力和创新能力作为考核教师教学质量、学校教育质量的主要指标。坚持以效益为要素，把社会效益置于首位，考察职业教育的对经济社会发展的贡献力，并据此考察资源使用效率。

2. 信息获取

系统保障职业教育系统内部信息的充分、有效、准确、及时。畅通获取相关方调查、分析、评价的信息渠道，拓展视野。有效应用第三方专业调查机构信息，提高信度，确保公正。

3. 成果评价

应用科学评价方法，定性与定量结合，为决策提供有效支持。坚持全面评价原则，正面与负面并重，避免重复试错。保障评价权威性和信誉度，已知与未知同时公开，维护公众和相关方知情权，支持研究者的探索。

4. 反馈机制

认真听取学校、学生对评价结果的质疑性反馈，检讨评价过程的公正性和准确性。虚心听取社会、企业对评价体系的有效性反馈，反思评价指标的科学性和可行性。尽力听取上级、下级对评价结论的认可度反馈，核实评价结论的创建性或局限性。

通过对地方政府职业教育领导力内涵的研究，为解析能力考核评价的指标打下基础。通过对职业教育成就与地方领导决策的因果关系分析，将有利于建立相应的能力模型。

（本节主笔：董存田，协助：朱军、徐媛媛）

第四节　地方政府职业教育领导力评价模型的结构修正

为了科学地对模型结构进行论证，对考察内容进行标定，我们以书面访谈和问卷形式邀请50位相关专家（包括从事本领域研究的学者、有较高管理成就政府官员），请求他们对考察点筛选、赋值、修改、补充和指导，其中收回42位专家的意见，并当面访谈了其中的18位，得到了专家的评判意见。

一、分考察点的筛选

依据专家对地方政府职业教育领导力打分结果，首先用加权平均法进行指标筛选，依据为满足"得分均值大于7，变异系数小于0.25"的指标，预设的分考察点中"教育系统内外"变异系数为0.36，"跨地域"均值为6.733，需剔除；其余均满足，见表3-2。

表3-2　专家对地方政府职业教育领导力分考察点点打分结果分析表

	均值	标准差	变异系数
依法治教	8.7333	0.70373	0.08
体制改革	7.8000	1.65616	0.21
决策机制	7.8000	1.65616	0.21
发展规划	8.0667	1.03280	0.13
创新动力	7.6667	1.63299	0.21
创新思维	8.4667	1.18723	0.14
创新举措	7.8000	2.11119	0.27
创新成果	7.2667	1.66762	0.23
人力保障	8.0667	1.27988	0.16
物力支持	8.0667	1.48645	0.18
财力投入	8.2000	1.26491	0.15
文化力支撑	7.6667	1.44749	0.19
领导之间	7.9333	1.03280	0.13
上下级之间	7.8000	1.47358	0.19

	均值	标准差	变异系数
领导与被领导	7.4000	1.54919	0.21
教育系统内外	7.0000	2.50713	0.36
各类教育	8.3333	0.97590	0.12
城乡	7.5333	1.18723	0.16
跨地域	6.7333	1.66762	0.25
职教与经济社会	8.3333	1.23443	0.15
教育思想	8.4667	1.18723	0.14
他山之石	6.8667	1.40746	0.20
调查研究	7.1333	1.18723	0.17
反思求变	7.4000	1.35225	0.18
效率督导	8.0667	1.27988	0.16
纪律监控	7.5333	1.40746	0.19
自我反省	7.4000	1.12122	0.15
奖惩制度	7.1333	1.18723	0.17
要素选择	7.8000	1.26491	0.16
信息获取	7.1333	1.40746	0.20
成果评价	7.2667	1.48645	0.20
反馈机制	7.1333	1.59762	0.22

二、分考察点权重的确定

采用加权平均数法并作"归一化处理"计算权重系数的方法进行权重确定。先对保留下的各级标准项目根据调查结果赋予合理的权重，以达到量化评价结果。

专家打分中的重要程度用 Satty 建议的 9，7，5，3，1 进行分析。

公式：$U_i = \dfrac{9x_1 + 7x_2 + 5x_3 + 3x_4 + 1x_5}{x_1 + x_2 + x_3 + x_4 + x_5}$，其中，$x_1, \cdots, x_5$ 分别代表专家中打分为 9，7，5，3，1 的人数。

求得加权平均数后，再通过"归一化处理"，便可求出各标准项目的权重，各标准权重之和等于 1。

公式：$W_i = \dfrac{U_i}{\sum U_i}$，结果如图 3-4 所示。

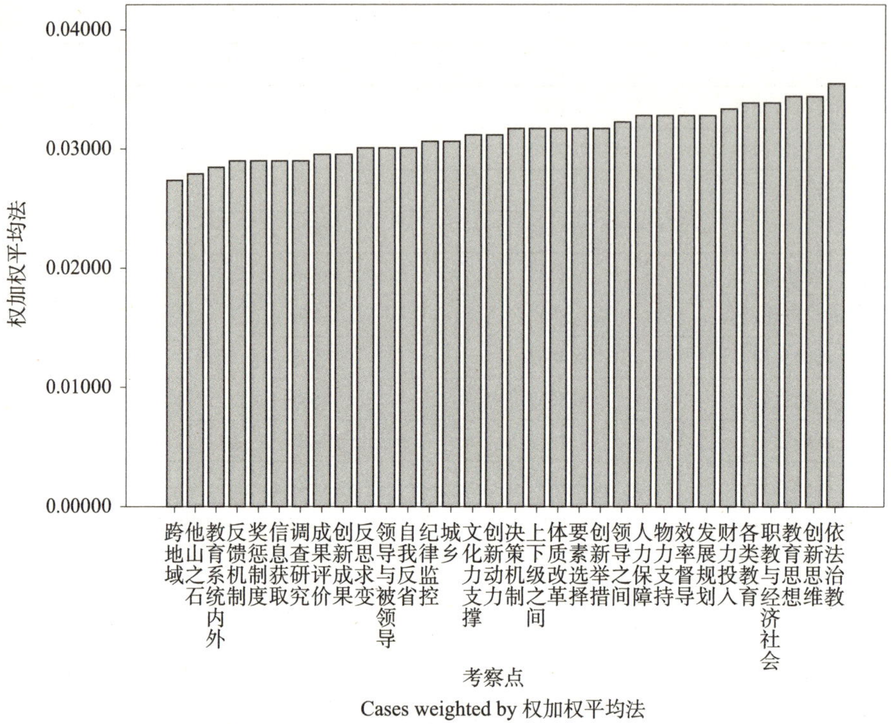

图3－4　地方政府职业教育领导力分考察点权重分布图

从权重分配看，有7个分考察点0.03以下，有25个分考察点在0.03以上、0.035以下，有选择、归并的余地。

三、征询专家意见

就地方政府职业教育领导力评价指标体系征求权威同行专家意见，他们通过面谈、信件、电话各种途径对该论题给出了指导意见。专家的共识是，研究对象要明确指向地方政府领导，而不是只在教育局，更不是在校长。多数专家认为"领导者"应指群体而非个体。绝大多数专家认为考察点能够反映职业教育领导力全貌，但设置有重叠，且难以取舍，要注意考察点间的逻辑关系，描述要精确。其具体意见综述如下。

1. 关于研究对象

专家的共识是，研究对象要明确指向地方政府领导，而不是只在教育局，更不是在校长。多数专家认为"领导者"应指群体而非个体，而朱新生研究员提示：个体能力与群体能力一致，群体以个体为基础，个体间的互补、互动能力是研究群体能力的基础；施步洲博士也提出，领导者的个人魅力也是领导力的重要指标；孙景余教授认为，目前地方政府领导者换岗频繁，领导者个人有关职业教育的知识、素质、背景对职业教育事业发展影响很大。徐萍处长提示，不仅仅要评价教育部门领导者，应兼顾人社、财政、发改委等有关部门。

2. 关于考察内容的调整

绝大多数专家认为考察点能够反映职业教育领导力全貌，但设置有重叠，且难以取舍，要注意考察点间的逻辑关系，描述要精确。李香兰教授指出，考察内容有个别之处有越位越权之嫌疑。

多数专家建议考察点要减少、归并、避免繁琐，有的提出了具体归并建议。王明伦研究员建议归并成4个：战略决策能力、政策执行能力、提供条件保障的能力、督导、评估、调整的能力；张忠寿教授建议归并成6个：贯彻执行力、学习创新力、支持保障力、学习创新力、监督服务力、评价影响力；贺文瑾研究员建议归并成7个：执行力、统筹协调力、监控力、评价力、支持力、学习力、创新力。庄西真教授建议归并成4个：创新能力、决策能力、执行能力、反思与纠错能力。孙景余教授建议归并成5个：执行力、支持力、协调力、改革创新的推动力、评价力。

有些专家建议增加考察点，邓泽民教授、马庆法教授、施步洲、庄西真、王明伦建议增加决策力，邓泽民指出行政领导第一能力就是决策力，建议在最前加上决策力并将执行力中的决策机制和发展规划部分划归在决策力中。陈晓雪教授、刘进博士、马庆发强调危机管理能力、危机处理能力与危机公关能力、危机预警能力等。还有领悟力、服务力、影响力、公信力、数据信息处理能力与建设能力等。任俊教授认为应增加学生感受要素，如幸福感等内容。

3. 关于研究方法

石伟平教授要求要突出重点、注重工作任务分析，加强对优秀职教领导者的考察研究，开发能力标准和胜任力模型；马庆发提示调研对象增加校长，从他的视角，增加大型会议，研讨会的方式；翟海魂厅长、邓泽民认为照顾到不同条件差异发展，强调分类指导；周稽裘教授提醒地方政府对公办学校的领导与对民办学校的领导应有所不同。

（本节主笔：董存田，协助：陈雪平、徐媛媛）

第五节　地方政府职业教育领导力评价模型的优化创建

根据专家意见，按照简洁、实在、可考的原则，通过归并、重组、释义对考察点进行优化，对考察内容进行完善，完成行政领导者能力词典的编制，见表3-3。

表3-3　地方政府职业教育领导力评价模型

一级指标	二级指标	考　察　内　容
决策力 (0.206)	战略意识 0.2259	发展职业教育有强烈的机遇意识、前瞻意识、全局意识、民主意识、可持续发展意识。将职业教育纳入地方社会经济发展总体规划之中，并优先大力发展。对本地区职业教育改革发展有预警意识与处理危机能力
	情势判断 0.2633	养成深入实际习惯，重视现场考察，了解一线教育工作者、学生和毕业生对职业教育政策、行为和效果的真实看法。系统持续地采用调查、统计、分析手段，明晰本区域职业教育发展的真相和规律。拥有充足的毕业生就业、适应岗位要求和发展情况的事实资料
	规划制定 0.2384	制定符合本地区实际、体现职业教育特点的中长期发展规划。发展规划指导思想明确，有目标、重点和措施，具有较强的预见性和可行性。围绕规划实施，制定有相配套衔接的政策法规和实施办法，并进行了目标任务的分解和落实
	决策机制 0.2724	加强决策领导集体建设，建立决策机构。建有完善的决策咨询系统，如：专家咨询论证、公众参与、现代技术及科学方法。具有科学性、民主性、合理性和高效的决策运行机制。保证职业教育重大事项（如：机构的设置与调整、领导干部任免，资源布局、教育教学改革、招生与就业等）决策的有效性
执行力 (0.190)	依法行政 0.2191	贯彻党和国家的教育方针和职业教育法规，结合本地区实际，依法行政，制定有针对性的职业教育具体实施制度和办法。落实国家财政、劳动、经济等政策法规，合理配置教育资源。依法规范监督职业院校和各类职业培训机构的办学行为
	统筹发展 0.2435	科学分析职业学校毕业生就业流向，区分"输出""就地""引入"和"双向"等主要服务目标实施合理的、有针对性的招生、就业政策。统筹城乡、区域内外职业教育资源，促进中职和高职，普通教育和成人教育的衔接和沟通
	协调控制 0.2663	建立健全责权明确、统筹协调的教育管理体制，及时解决职业教育与培训中的主要困难和问题。建立职业教育工作联席会议制度，发展改革、经贸、财政、农业、人事、劳动与社会保障等部门参与，充分发挥其协调功能形成政府主导、行业指导、企业、社会共同参与、学校自主办学的办学机制
	执行效率 0.2711	能适应区域社会经济发展和职业教育实际需要，正确决策职业教育改革与发展的重大事项，进行战略管理。建立健全多元政府绩效评估机制和科学规范的评估制度。树立良好的服务形象，行政程序规范，操作严谨有序，公共服务社会化程度较高

一级指标	二级指标	考 察 内 容
保障力 （0.202）	人力资源 0.2503	建立完善职教师资准入、退出、激励和培养培训等管理制度，确保师资来源、数量、结构和质量。建立职业教育个性评价标准，推动企业和职业院校的人员交流互换。强化对职业教育管理者和领导者的专业背景和能力的考核、评价，保证其必要的专业性
	财力运作 0.2568	保证教育费附加用于职业教育，保持合理比例。确保企业足额提取教育培训经费。鼓励行业、企业及社会力量举办职业教育。争取各级、各类职业教育专项、建设试点、研究课题、合作共建、发展援助和优秀成果奖励等资金，拓展经费来源
	条件建设 0.2574	对职业学校在土地、校舍、设备、物资等方面给予充足持续的投入和保障。加快教育信息化基础设施建设，强化现代信息技术应用。推进校企合作、工学结合，调动企业在产学合作和服务职教中的积极性，支持学校在企业建立满足学生专业实践的基地。努力创建校园及周边的安全环境
	文化环境 0.2355	引导社会舆论，为职业教育积极造势，提高职业教育在各类教育中的地位和在民众中的认知度和认可度。提高技能人才的社会地位，创建尊重劳动、尊重劳动者的社会风气。发掘当地产业优势和产业特色，创新现代职业文化，有效开展对青年人的就业指导，帮助他们做好生涯规划
监控力 （0.202）	行政监察 0.2438	加强对教育行政监察工作的领导，形成完善的领导体制和务实的工作机制。加强廉政监察，促进政风行风建设，防范治理腐败。加强执法监督，保证政令畅通。加强效能监察，改善内部管理。强化教育内审，规范内部管理，防范财务风险，提高教育资源使用效益
	评估督导 0.2301	建立合理科学的政府教育行政绩效考评制度，加强行政效能建设、目标责任制实施、行风评议和好班子建设等。有效开展对职业学校办学定位、发展思路、办学质量水平条件以及校长领导力的综合评价，彰显办学特色。保障评估权威性和信誉度，保护教育督导权威，维护公众和相关方知情权，支持研究者的探索
	问责体系 0.2666	确立教育问责法律意识，使教育问责切实做到有法可依、违法必究。形成多方主体有序参与、相互配合、共同促进的职业教育问责体系。坚持行政内部监督和责任追究制度，对不履行或不正确履行法定职责者，实行行政问责制
	反馈调节 0.2595	监控分析本地区职业教育舆情，倾听社会、企业、职业学校、学生和家长的反映和建议。及时形成预警方案，提出改革措施，调整职业教育发展目标，优化专业结构，改革人才培养模式，增强社会适应性和服务能力，确保教育的稳定健康发展

一级指标	二级指标	考 察 内 容
创新力 （0.200）	学习意识 0.2260	形成学习、研究的好风气，学习职业教育法律法规和政策，持续地关注和学习国内、外职业教育的成熟经验，优秀成果和高效做法，探求职业教育的新发展新特点。以理性的精神、科学的态度和民主的方法，去倾听不同的教育思想、主张、意见
	反思求变 0.2725	建立反思自纠制度，形成自我批评风气，定期对管理中得失做出客观评判，发现问题及时予以纠正。自觉接受监督，倾听来自基层的意见，征求系统外部反应，求助专家指导。在社会经济发展环境发生改变，法律、政策发生变化，或教育资源、能力出现变动时，妥善应对
	改革举措 0.2426	在现有政策或经验的盲点上，开拓进取，勇于探索，创新设计，提供政策制定理论基础和经验依据。针对职业教育发展中的重点与难点，运用当代先进的理论和方法，率先采用新发展路径和改革措施。结合区域经济和产业特色以及职业教育实际，走出自己的发展道路，形成区域特色
	创新成果 0.2589	在职业教育理论探索研究方面，提出新理念、新理论和新方法，形成标志性的新成果。在职业教育制度建设方面，科学制定具有区域特色职教特点的政策规定、管理办法和发展战略。在职业教育运行模式方面，形成开放、柔性、高效的管理体制机制。在职业教育教学改革创新方面，涌现出一批具有较高质量和较大影响的成果

运用客观赋权法，直接根据各个指标的原始信息经过数学处理后获得权数的一种方法。指标权数根据各指标间的相互关系或各个指标提供的信息量来确定。

第一步，采用离散系数法计算各二级指标的权重值。

设有 n 个被评价对象，每个被评价对象由 p 个指标 x_1、x_2、……、x_p 来描述。

先对每一个指标值进行无量纲化处理。常常采取直线型无量纲化处理方法，包括阀值化、中心化、规格化、标准化和比重法等。

其次，求出无量纲化后的各指标的均值 $\bar{x}_i$ 和标准差 σ_i：

$$\bar{x}_j = \frac{1}{n} \sum_{i=1}^{n} x_{ij}$$

$$\sigma_j = \sqrt{\frac{1}{n-1} \sum_{i=1}^{n} (x_{ij} - \bar{x}_j)^2}$$

式中，x_{ij} 表示进行无量纲化处理后的第 i 个被评价对象在第 j 项指标上的取值。

则各指标的离散系数 v_j 为：

$$v_j = \frac{\sigma_j}{x_j} \quad (j = 1, 2, 3 \cdots\cdots p)$$

对 v_j 作归一化处理，便可得各指标的权数：$w_j = \dfrac{v_j}{\sum\limits_{j=1}^{p} v_j}$ $(j = 1, 2, 3 \cdots\cdots p)$

第二步，使用层次分析法求出各一级指标的权重。

采用 1~9 标度法，对不同情况的比较给出数量标度。1、3、5、7、9 分别表示"同等重要、稍微重要、重要、明显重要和绝对重要"，2、4、6、8 是四个亚等级，用来表示上述相邻两个重要性标度之间的重要性程度。

经过评价指标进行分析，建立按次序排列的判断矩阵（略）。

层次的权重采用方根法加以计算。其计算步骤为：

计算判断矩阵中各行元素之乘积：

$$M_i = \prod_{j=i}^{N} P_{ij} = p_{i1} \cdot p_{i2} \cdots p_{in} \quad (i = 1, 2 \cdots\cdots n)$$

计算 M_i 的 n 次方根：$W_i{'} = \sqrt[n]{M_i}$

对 $W_i{'}$ 进行正则化处理：$W_i = \dfrac{W_i{'}}{\sum\limits_{i=1}^{n} W_i{'}}$

从而构建成地方政府职业教育领导力评价的标准模型。

（本节主笔：董存四，协助：陈雪平、朱军）

本章小结

经向职业教育一线教师的调查，征求相关专家的意见，通过描述、解析、阐释、筛选、优化、赋值和统计，形成了决策力、执行力、保障力、监控力、创新力等 5 个一级指标，20 个二级指标，完成词典的编制，给出了各指标的权重，开发出地方政府职业教育领导力评价模型。模型力图体现三个特征：思想性与实践性统一；共性特征与个性发展统一；理论研究与实证分析统一。

第四章

地方政府职业教育领导力专题研究

我国正着力在 2020 年建成完整的具有世界水准和中国特色的现代职业教育体系。其目标，《国家中长期教育改革和发展规划纲要》描述的是"服务需求，开放融合，有机衔接，多元立交"。国务院《关于加快发展现代职业教育的决定》则表述为"适应发展需求、产教深度融合、中职高职衔接、职业教育与普通教育相互沟通，体现终身教育理念"。据此，在评价模型中考察要素的基础上，有必要提出几个重点命题，应为时下地方政府领导力的评价与提升的几个主要着力点。

第一节 适应发展需求，契合产业结构新变化

职业教育与经济社会发展、与国计民生关系最为紧密，肩负为建设人力资源强省培养有良好职业道德和娴熟技能的高素质劳动者的历史使命，肩负服务经济结构调整、发展方式转变、产业优化升级的历史使命。

一、充分认识职业教育专业结构调整优化的重要性

当前和今后一个时期，是江苏省加快发展创新型经济、全面建设更高水平小康社会、基本实现现代化的关键阶段，也是深化教育改革、加快教育发展、建设教育强省、实现教育现代化的重要时期。转变经济增长方式、推动产业结构调整、切实解决就业和民生等问题，对职业教育的发展和高素质劳动者、技能型人才的培养提出了更高的要求。调整、优化职业教育专业结构，提高职业

教育服务经济社会发展能力，是时代发展赋予职业教育工作者的基本要求。

专业建设是职业教育内涵建设的基础和核心。加强职业教育专业结构调整，推进专业现代化建设，意义十分重大。一是支持经济社会发展、提高服务能力的需要。现代产业集群的加快崛起，亟需职业教育提供足够的符合产业需求的高素质劳动者和技能型人才。职业教育专业结构与产业发展的匹配度、灵敏度、超前度，对区域主导产业的发展至关重要。职业教育必须审时度势，调整、优化专业结构，贴近和服务区域经济和社会发展，提高服务新农村建设和主导产业发展的能力，加强资源统筹和综合利用，坚持学历教育与职业培训并重、并举，坚持产学研结合，践行服务宗旨，提升在服务地方经济社会发展中的贡献度。二是职业教育自身科学发展和可持续发展的需要。职业教育专业结构与区域产业结构存在紧密而深刻的互动关系，职业教育专业结构只有满足产业结构发展和人民群众的需要，才能获得社会的广泛认可，从而获得更快、更好的发展。从对江苏省中等职业教育专业结构与产业结构吻合度的分析来看，在专业建设中存在部分专业水平低下，少数学校盲目设置专业，各地专业趋同现象严重，对新兴产业适应滞后等一系列问题，职业教育专业结构已不适应建设教育强省的需求，不适应教育现代化建设的需求，亟需调整优化专业结构。三是人民群众对优质职业教育的需要。要求通过专业结构调整，提升职业教育的办学质量和吸引力，进一步扩大优质职业教育资源，是摆在我们面前一项重要而又紧迫的任务。四是提高职业教育竞争优势的需要。通过专业结构的调整、优化，全面提升职业教育资源优质化水平，是推进职业教育改革发展的重中之重。通过专业结构的调整、优化，继续推进职业教育布局调整，继续实施中等职业学校星级评估，继续加强职业院校基础能力建设，坚定不移地走内涵发展、优质发展、集约发展的道路，努力夯实职业教育基础，增强江苏职业教育在国内、国际的竞争实力。

二、进一步明确职业教育专业结构调整优化目标

就目前而言，中等职业教育专业结构与产业结构吻合度有待提高，适应产业结构的调整机制还没有形成，应对产业结构调整升级的灵敏度远远不够，职业教育专业拓展能力亟待培植。职业教育专业建设的规模、结构、质量和效益与全省日新月异的经济社会发展需求相比，与人民群众日益增长的高质量、多元化的教育需求相比，仍有不小的差距。具体表现为技能型人才的培养的质量亟待提高；职业学校向社会输送的人才结构亟待调优；专业结构与产业结构、

专业体系与职业岗位、课程内容与职业资格、教学过程与工作工程的对接尚未完全建立；专业拓展能力与和科学管理能力有待提升；科学的专业评价标准和评价机制尚未建立。这些问题既有宏观层面的，也有微观层面的，需要国家、省加大统筹协调力度，各级教育行政部门和学校各司其职，进一步提高科学决策和规范管理水平。因此，迫切需要研究、调整和优化中等职业教育专业结构。

加强中等职业教育专业结构调整工作，必须以优化职业教育资源配置为手段，以深化教育教学改革为动力，着力加强职业学校内涵建设，着力培育和强化专业特色，着力提升职业教育核心竞争力，以更好地培养高素质技能型人才，为全省加快现代化建设服务。形成与区域经济和产业转型升级以及人民群众需要吻合程度高、结构合理、错位发展、特色鲜明的中等职业教育专业发展新格局。

要进一步加强职业教育专业结构与区域产业结构的吻合度研究，加大统筹协调，围绕区域主导产业发展解决专业结构性的"失衡"问题，围绕区域新兴产业解决专业结构的"缺失"问题，加大薄弱专业的改造、升级，提升主干专业的拓展能力和专业结构的灵敏程度，专业结构基本符合区域产业发展对高素质劳动者和技能型人才的正常需求。

省级教育行政部门要加强职业教育的统筹协调，针对技能型人才需求旺盛的行业，立足于全省的人才需求规模，布点现有国家级高水平示范学校，开设相关专业，引导高水平学校在满足所在市域范围内人才培养需求的基础上，适当扩大服务半径和范围，加强全省范围内技能型人才的合理流动和相互补充。

三、建立健全中等职业教育专业结构调整优化机制

1. 成立专业建设指导委员会

全省成立由省政府牵头，教育主管部门主导，相关行政部门、行业、企业参与的江苏省中等职业教育专业建设指导委员会，以联席会议的形式，由教育行政部门统筹协调，指导全省范围内的中等职业教育的专业结构调整优化工作。要求各省辖市也成立市级中等职业教育专业建设指导委员会，具体负责本市的专业结构调整优化工作。在统筹协调上，省级指导，以市为主，市、县（市、区）、校协调，通过学校布局调整和专业分工，形成职业教育专业错位发展、特色发展，完善职业教育的专业结构；在运行机制上，政府主管、教育部门主导、相关部门配合、行业企业参与，共同开展人才需求调查、预测，共同制订职业教育规划、人才培养规格，共同完成职业教育专业结构调整优化；

在工作机制上，实行联席会议制度，定期召开职业教育专业设置联席会议，共同研究专业结构与产业结构吻合情况，相互协调，形成职业教育专业结构定期、动态调整优化机制。

2. 加强对职业教育专业结构调整的管理，突出政策的引导作用

第一，将各地制订中等职业教育发展规划、编制专业结构调整方案作为省级评优评先和资金支持的重要条件，重点支持列入规划优先发展的专业。对调整工作扎实、成效明显的地区，在职业教育专项项目安排上予以倾斜，在职业教育创新发展实验区建设上予以支持。

第二，完善省级示范专业评审标准。将连续两年以上本专业招生人数占学校招生总数的 8% 或 100 人以上、"双师型"教师占本专业专业课教师总数 60% 以上，列为参与省级示范专业评审的必要条件。具有历史文化传承等特点的极少数特色专业经省教育厅认定后，评审标准可适当放宽。

第三，有序扩大中职学校招生范围。在依法依规规范招生秩序的基础上，经市教育行政部门统筹平衡，允许国家级中等职业教育改革发展示范学校主干专业、省级示范专业以及经市教育行政部门认定的部分相关专业在市范围内跨县招生。职业教育专业结构调整工作列入全省教育科学和谐发展业绩考核内容。

四、增强职业教育专业的核心竞争力

1. 实施"品牌、特色战略"，提升职业教育专业的核心竞争力

——做"特"做"精"服务于以现代农业为代表的第一产业专业，培养社会主义新农村建设需要的新型农民。实行品牌、特色战略，是未来职业学校专业发展的根本和必由之路。要按照《国家中长期教育改革和发展规划纲要》精神，"加快发展面向农村的职业教育""加强涉农专业建设，加大培养适应农业和农村发展需要的专业人才力度"。一是要对省内的现代农业产业资源全面调研，科学预测和规划涉农专业的发展，加大农科类专业开发与建设的力度。各地要按照教育部新版《中等职业学校专业目录》，结合区域农村产业结构调整的实际，开设涉农专业。二是要加强对涉农专业设置的有效管理与引导；要对涉农专业实行区域范围内的统筹布局，合理分工，避免重复设置，不良竞争现象的发生。三是要加强涉农专业特色与品牌的创建。各地要根据区域农科类专业特点与优势，打造在当地声誉较高、质量较好的特色、品牌专业，增强涉农学校与专业的办学活力；四是要充分利用、整合校内外的教育资源，

加强涉农专业教师队伍和实训基地建设，提升其基础能力和人才培养能力；五是要采取有效措施，提升涉农专业的社会地位和吸引力。

——做"稳"做"强"服务于以先进制造业为代表的第二产业专业，培养大批适应企业产业升级需要的高素质技术和技能型人才。各地要根据第二产业升级以及新兴产业发展的需要，及时改造、适时拓展和超前设置专业。要结合经济发展中的"用工荒"现象，调整专业结构，满足企业发展的需要。职业学校要按照企业生产的技术、设备和设施标准，改善中等职业学校实践教学条件，提高虚拟仿真、模拟现实和多媒体教学等信息化教学实训水平，培养生产一线高素质劳动者。

——做"大"做"优"服务于以现代服务业为代表的第三产业专业，培养具有现代服务理念和综合素养的服务型人才。应对第三产业职业岗位特别是新职业岗位变化，及时调整课程设置，高标准安排课程内容，有效开展案例教学、项目教学和有效实习。

2. 加快专业的改造、升级与拓展，提升服务能力，适应产业发展趋势

要大力扶持与先进制造业、现代服务业、现代农业相关的主干专业；重点发展区域经济和社会发展紧缺的专业；积极拓展新能源、新材料等与产业转型、升级密切相关的新兴专业；加快改造提升传统专业，调整市场需求过剩的专业。

3. 要强化主干专业建设，主干专业应符合省级示范专业的基本条件

一般的中等职业学校应培育1~2个主干专业；省级重点中等职业学校应培育设立2~3个主干专业；国家级重点中等职业学校应培育设立3~4个主干专业，并逐步培育形成1~2个专业集群。同一辖市区内职业学校新设主干专业一般不能重复设置。

五、提升职业教育专业建设的指导、协调和服务效能

统筹规划、区域协作是指基于一定区域范围内的经济社会以及职业教育发展战略、发展特点和发展水平，对未来一定时期该区域范围内的职业教育发展进行总体部署，使其与区域经济社会和教育发展结构相吻合，促进城乡职业教育良性互动，和谐发展，提高运作效能，实现办学效益现最大化。统筹规划、区域协作是各区域以及城乡职业教育发展的必由之路。

（1）各地要真正树立起全域理念、大职教理念和效益最大化理念，切实承担起统筹本地区职业教育发展职能，全面推进职业教育专业结构调整计划的

制订和实施工作。要进一步强化专业统筹规划意识，合理规划职业教育布局，科学确定主体专业目录，指导职业学校修订和完善专业结构调整方案，自觉主动地调整和优化专业设置。特别是要根据城乡统筹的发展趋势，突出城乡职业教育专业设置与布局的统筹规划，坚持体现以城带乡，以乡促城，城乡互动的发展方针。

（2）要实行省内的全方位的、多层次的、立体的区域协作，形成专业的集约化水平和专业发展的比较优势。在全省范围内，教育厅层面负责对冷门专业、弱势专业和与产业发展密切相关的专业的统筹规划，在区域范围内，苏南、苏中、苏北三大典型区域板块部分专业要统筹规划与布局，要积极实施辖市区域范围内的城乡职业教育专业的统筹规划与协作，逐步形成区域城乡职业教育发展一体化的格局。要特别重视全省范围内的专业建设的"南南合作""南北合作"。

（3）各市要加强对所辖各县（区）申报新专业的审核管理工作，以教育部新颁《中等职业学校专业目录》为基本依据，严格审核新设专业。连续两年招生不足计划70%的专业，不再批准新设。对各地新设专业，省教育厅每两年进行一次抽查，不合格的责令限期整改。

要加强对国家重点支持专业设置的有效管理与引导，避免一哄而上；更要防止假借国家支持涉农专业建设的优惠政策，诓骗、套取、挪用涉农专业建设经费现象的发生。各级教育主管部门要对涉农专业等的开设进行严格的、充分的论证，实行严格的涉农专业小学准入制度。

要建立比较完整的专业建设管理工作机制。教育行政部门要严格执行《中等职业学校专业设置管理办法（试行）》，研究制定符合各地实际情况的专业设置管理实施细则，加强对中等职业学校专业设置管理，实行专业建设审批、备案制度，指导职业学校对现有专业设置进行调整优化，推进专业建设规范化。要引导学校以专业建设为核心，制定和实施专业结构布局优化调整方案，着力创建专业教学特色；以师资队伍建设为抓手，着力打造"双师型"专业教学团队；以人才培养模式创新为重点，着力推进校企合作、工学结合。继续进行省级示范专业建设，保证专业建设的基本质量和规范，开展精品专业（点）、特色专业（点）和精品课程的建设。

在新的发展阶段，职业教育专业结构的调整，要更加突出学历教育与职业培训并重，积极为区域内企事业单位职工提供培训服务，参与与学习型社会要求相适应的终身教育体系的构建。在通过学历教育为社会不断输送新一代技能型人才和高素质劳动者的同时，更要通过多种形式的技能培训为广大职工提高持续发展能力服务。首先，积极开发符合区域产业发展需求的职业技能培训课程，为农村劳动力转移，为家庭作坊、手工业、民间美术和民族手工艺产业、低碳工业开发相应的培训项目和特色课程，努力使中等职业教育更好地与地方经济社会发展的需求相吻合。其次，积极实施四大培训工程。中等职业教育要通过实施农村劳动力转移培训工程、现代农民教育工程、成人继续教育和再就业培训工程、新市民教育工程，为区域经济社会发展提供尽可能多的高素质劳动者和技能型人才。

（本节主笔：马建富，协助：董存田、张胜军）

第二节　产教深度融合，激发企业的内生动力

众所周知，职业教育人才培养质量的要素是实践能力，而实践能力提升的关键环节是职业技能训练，职业技能训练的重要路径是在实际工作岗位上的实习。因此，产教结合是职业教育的本质特征和必要保证。国务院《关于加快发展现代职业教育的决定》把"产教深度融合"作为现代职业教育的重要标准，要求"突出职业院校办学特色，强化校企协同育人""加强行业部门对本部门、本行业职业教育的指导"。

一、产教融合面临的困境

《国家中长期教育改革和发展规划纲要》明确指出，职业教育发展要"建立健全政府主导、行业指导、企业参与的办学机制"。在这样的安排中，行业协会要做"红娘"，让企业和学校"牵手"；企业要做"丈夫"，担当"主导"责任；学校要做"妻子"，上得厅堂，下得厨房，引领方向，管好细节；政府做"民政局"，只管大事，不管"家事"。

"行业指导"体现了国家对行业在职业教育发展方向上的定位，大大增强了行业在职业教育发展中的地位。目前全国有6万多家行业协会，他们的作用必须得到有效发挥。然而，在实际运行中，行业指导仍面临困境：尽管这些文件都提到了行业在职业教育中的重要性，但是，对于行业的责任、权力和利益都没有实施细则。同时，行业组织在实际中一直没有获得职业教育中实际指导的权利，在主管部门和职业院校间处于一个尴尬的"夹缝"里。原因何在？中国化工教育协会副秘书长于红军认为："体制改革后，行业主管部门的教育

职能消失，教育职能统归教育主管部门，这导致政府在各类教育问题上权力的集中。在职业教育方面，政府显得相当强势，很多问题由教育主管部门决定，几乎没有考虑行业的意见。"中国机械工业联合会机械工业教育发展中心副主任陈晓明指出："教育部门的全职全能、行业与教育主管部门的对话机制的缺乏，使行业的话语权丧失，进而使'行业指导'成为空中楼阁。"中国电子商务协会秘书长孟玉说：伴随行业的高速发展，电子商务人才匮乏已成突出问题。"职业院校培养的电子商务人才不能满足企业需求，很多学校的电子商务专业没有特色，学生用的是教育主管部门指定的多年前的老教材，协会没有办法参与到职业教育中去。"中国旅游协会一名负责人感慨道："谁是行业的代表？这个问题现在搞不清楚，实际上，行业组织对行业人才需求状况最了解，最有发言权，可是我们制定的认证标准根本得不到承认。"

企业参与职业教育的积极性不高也是一个不争的事实。在走访调查中我们发现一些现象，企业抱怨学校人才培养脱离实际，但又不愿意让学校分享他们的技术信息和对人才培养的具体见解；企业建议学生要多实践，但不愿意接受学生实习和见习。原因是多方面的，企业方面：企业家的远见不足，企业担心培养出来也不一定为自己服务，企业本身技术力量不足等；学校和学生方面：学生的敬业精神不足，纪律性不强，学校组织不得力等；政府方面："企业因接受实习生所实际发生的与取得收入有关的、合理的支出，按现行税收法律规定在计算应纳税所得额时扣除"等政策没有很好落实，安全方面的潜在风险令企业生畏，等等。

二、校企合作的机制

企业也要想获得和拥有数量、结构和适应性俱佳的员工，尤其是适岗的技工，必须从旁观者和评论者的角色转换为参与者和主导者。要积极参与人才培养方案设计，通过参加教学指导委员会，建设产学研基地等形式，把产业发展和企业需求信息有效传递到学校，推进教学改革；要主动进行校企结合，履行人才培养职责，吸引师生到企业中来，让他们感受到真实的生产情境，才能启动热情，激发动机，撞击灵感，磨炼双手，提高培养质量，吸引未来员工；要重视职工的上岗培训，缩短入职员工的后熟期，解决他们的"水土不服"问题，必须由企业负责；要形成员工培训进修制度，从向员工"要能力"转变为"给能力"，加强员工转岗、升级培训，保障优秀员工"发展"的欲求；要建设学习型组织，通过优良的企业文化，激发职工学习的积极性，帮助他们及时更新知识，补充信息，增进技巧，积极创新，促使员工从被动服从转变为主动进取。这要求企业必须从观察者、评论者、抱怨者的角色转换为参与者、贡献者的角色。

机制之一，学校的教学计划和培养方案尊重企业的意见，为指定企业培养的专门化人才应当占到在校生的相当部分。根据企业的个性化需求，为企业提供定制化方案，对学生进行定制培养，学生一毕业就直接送到企业里特定的工作岗位上，实现学习与就业的"无缝对接"。让学生的培养必须与企业的生产方式、设备条件、管理模式、技术改造方向相适应。企业赢得爱岗、真学、稳定的核心员工，学生获得针对性训练和个性培养。

机制之二，企业深度参与职业学校的培养方案制定和课程开发，即根据一类企业的需求来设计培训内容，安排课程设置，让师生更充分地了解企业文化与技术要求。同时，通过学校——企业"工学交替"，让学生扮演"职业人"角色，感受岗位之规，劳动之道，创造之乐，有效地为学生提供积极性动因。现代企业的人力资源管理中教育必是重要的环节，企业参与职业教育不仅仅是他们必须履行的社会责任，更是发现潜在优秀员工的机会。

机制之三，学校帮助企业建立起职工的终身教育体系，使职工及时地更新知识，适应技术升级或岗位变化的要求。任何学校培养出来的毕业生都只是人才的"毛坯"（尽管质量有差别），企业必须承担起把"毛坯"变成"零件"的责任。随着新产品、新技术的推广应用，帮助员工进行学习成为企业的重要任务。因此，学校与企业的接轨是双向的、互动的，要以校企结合为骨干，建立起教育的"立交桥"，实施"学分银行"制度。让职工的发展成为企业乃至社会发展的前提。

机制之四，企业或行业系统实施的"企业（行业）招生——企业培养——企业用工"的"谁招生、谁培养、谁用工"方式。把招生与招工融为一体，做到岗位目标明确，能力标准统一，校企联接通畅，就业供需两利。有条件的大中型企业或地方行业系统自主开办职业教育机构，其他企业也可委托本地或生源地职业学校定向培养所需的劳动者。

机制之五，企业与学校互动，形成目标一致的整体。显性课程和隐性课程的有效结合，建立优良的校园文化环境。职业教育包含职业培训，但不仅仅是职业培训。要通过优良教师道德的示范，先进制度文化的规范，非正式课程的吸引等，帮助学生提升道德，提高素质，开发个性。学校文化与企业文化的交互作用，让学生及早地由学生角色向员工角色转换。职业学校尤其要培育浓郁的技术文化氛围，重视与对应职业相关的标识、语汇、情景的运用，培养学生的职业认同感和劳动的成就感。知识、技能、态度的同步优化，要让师生都建立起完整的能力概念，不仅仅重视技能，同时重视知识储备，学习方法和工作习惯养成。唯有如此，才能满足学生终身学习和全面持续发展的需要。

三、校企合作的"理想类型"

利用理想类型的分析方法，可以把我国职业教育发展中出现的校企合作分为三种基本类型，即利益驱动型、智慧互补型和价值认同型。这三种不同类型的校企合作在合作动机、地位认知、角色关系、合作内容、资源投入、合作功能、评价标准等方面都存在重要区别。从"利益驱动"走向"价值认同"，是职业教育校企合作深度推进的必由之路。

1. 利益驱动型校企合作

"利益驱动型校企合作"是指：校企双方基于满足自身的利益需求而开展的一定形式的合作。能否在合作中获取利益成为校企双方能否开展合作以及以什么形式、在什么层次上开展合作的决定性因素。这种利益既可能是"名"，也可能是"利"。对于学校一方而言，利益通常表现为：一是促进毕业生就业；二是得到企业的经费赞助，如科研费、咨询费、劳务费、助学金等；三是表明服务地方经济社会发展的办学立场，获得地方政府的认可和支持；四是为学校课题申报、教学评估、升格评优、项目检查等，准备和累积支撑材料等。对于企业一方而言，利益则通常表现为：一是通过校企合作，美化企业形象，提升企业的社会知名度；二是与职业院校保持一种"不断线"的联系，以备企业在用工、生产技术改进等方面的不时之需；三是借"校企合作"之名，获得各种政策优惠，如用地优惠、信贷发放、税收减免等。在这种以满足自身利益需求为驱动力的校企合作中，校企双方通常以自我为中心，从功利的角度审视对方，视对方为实现自身利益的一个适用工具。因此，利益驱动型的校企合作是一种工具性的、形式化的、不稳定的合作。虽然有些学校和企业之间，也会开展乃至完成一些合作事务或合作项目，但其合作行为容易受偶发因素影响，且形式重于实质，不但合作进程易受阻隔，而且合作效果也难如人意。

在利益驱动型的校企合作中，校企双方的利益回报存在较大差距，通常职业院校实际所获得的利益回报要远大于企业。通过校企合作，职业院校能够直接利用企业的场地、资金和技术设备，解决学生见习、实习难题，并能促进学生就业；而企业在这种浅层合作中，基本上是一种生产性投入，市场驱动下的人才高流动性使企业参与的行为没有实现预期的价值，且付出的生产成本、管理成本难以得到有效补偿，社会声誉也没有实质性的提高。这种利益回报的落差，势必导致校企合作中的"学校热、企业冷"的尴尬窘局。正是由于双方工具性的地位认知和实际利益回报的落差，所以校企之间也只可能结成一种暂时性的"战术联盟"。在这种暂时性的"战术联盟"中，校企双方结成的是一种商业性的伙伴关系，学校和企业都扮演了"合伙人"角色。从实际发生的情况看，利益驱动型的校企合作，主要靠政府的行政压力或靠人脉关系维系，校企双方都缺乏真诚的合作意愿和内在的合作动力。作为一种临时性的"战术联盟"，"量入为出"是校企双方合作资源投入的基本规则。从自我利益计算出发，一方对合作资源投入多少，取决于自身对合作行动的利益预期，一般不会主动加大资源投入力度，哪怕这种投入对开展一些有意义的合作行动十分必要。所以，利益驱动型校企合作主要局限于一些占用现有资源少的、时间短、"费力不费心"的事务性合作，如学生见习实习、选聘毕业生、员工定向培训等，合作内容贫乏、维度单一。对于利益驱动型的校企合作双方来讲，能否实现自身利益最大化，是其评价合作成败的基本标准。如果双方都完成了事先约定的合作事项，并实现了自身预期利益的最大化，就会产生一种"成事"评价，反之，则会产生一种挫败感，使双方原本脆弱的合作关系更加不稳定。利益驱动型的校企合作主要发挥的是一种扭曲的经济功能。因为在这种浅表性的校企合作中，尽管双方也都可能获利，但它实质上并没有创造新的经济价值。且由于它一开始就没有把职业人才的培养、职业教育质量的提高作为合作的优先目标，它本应具有的教育功能也就难以实现。

在校企合作中追求利益本无可厚非，但校企合作是职业教育改革的重大举措，是现代职业教育发展的根本路径，它肩负着职业人才培养的神圣使命，需要正确的教育理想和高尚的教育事业情怀。如果仅从利益出发，必将异化校企合作的本质，误导职业教育改革的方向。

2. 智慧互补型校企合作

除利益驱动外，"智慧互补"也是校企双方开展合作的重要原因。资源依赖理论认为，组织是一个开放的系统，没有任何组织赖以生存和发展的资源是能够自给自足的，所有组织都在与环境进行资源交换，以获取生存和发展所需要的资源。按照资源依赖理论，校企之间对知识、技能等智慧资源的相互依赖，就构成了校企合作的基础。职业院校作为一个专门性的教育机构，拥有一支受过专业训练、具有扎实理论功底的专业化教师队伍和专职研究队伍。他们具有较高的理论智慧，但普遍存在"生产实践经验不足，实际应用能力不强，实践教学水平不高等问题"，实践智慧有待提高；而企业作为一个生产组织，拥有一支实践经验丰富、动手能力强的员工队伍，他们占有丰富的实践知识，具有较强的实践智慧，但对系统理论知识掌握较少，理论智慧也有待提高。由此可见，校企双方智慧资源的互补性，使彼此具有向对方学习的愿望和必要。我们可以把这种建立在相互学习愿望基础之上，以优化自身智慧结构、提升智慧水平为目的的校企合作，称之为"智慧互补型校企合作"。在"智慧互补型校企合作"中，校企双方都清醒地认识到了对方所拥有的知识、技术优势以及自身的不足，都希望以合作为平台，以快捷、有效的方式向对方学习，以优化自身的智慧结构。因此，在智慧互补型的校企合作中，校企双方中的任何一方，都是一个需要向对方学习的"学习者"。共同的学习意愿和学习需求，容易促成校企双方形成一种平等互学的、朋友式的角色关系。

从"利益驱动"到"智慧互补"，校企合作内容也会发生相应变化。"智慧互补型校企合作"通常集中在如下几个方面：一是组成科研小组，共同申报科研课题，进行科技攻关；二是互派人员到对方承担相应工作；三是共同建设实验室或实习、实训基地，搭建相互学习和交流平台；四是共同承担职业院校学生或企业员工的培养、培训任务；五是共同组建虚拟或实体公司，实现科研成果向生产产品的转化等。尽管双方合作主要局限于知识、技术维度，但与"利益驱动型校企合作"相比，显然，"智慧互补性校企合作"的内容更加丰富、充实。基于相互学习的愿望，"智慧互补型校企合作"需要校企双方更多的资源投入。一方面，为提高学习效率，提升智慧水平，双方都有加大资源投入的主观意愿；另一方面，优化智慧结构、提升智慧水平往往需要一个较长的周期，客观上也要求校企双方持续加大资源投入。因此，"满足自身学习需要"也就成为校企双方对合作资源投入的基本原则。

与"利益驱动型校企合作"的评价标准不同，在"智慧互补型校企合作"中，校企双方对合作成败的评价，是以"自身智慧结构是否得到优化"为首要标准。如果通过校企合作，增进了职业院校师生的实践知识和实践智慧，促进了"双师型"教师队伍建设，培养了学生的动手能力，提高了学生的职业素质，那么，职业院校会对这种校企合作给予一种积极、肯定的评价。反之，如果通过校企合作，企业员工素质得到提高，生产难题得到解决，增强了企业的市场竞争力，那么企业会对这样的校企合作感到满意。当然，如果实现了智慧水平的共同提高，校企双方都能体验到一种更大的"成事"喜悦。

从合作功能上看，"智慧互补型校企合作"主要发挥的是"学习功能"。尽管在合作过程中，校企合作的职业教育功能已有所体现，但依然不够典型和全面。譬如，"智慧互补型校企合作"更有利于优化教师而不是学生的智慧结构，学生并不是这种类型校企合作的最大受益者。职业院校的学生因自身知识、能力的不足，能够有效参与企业产品研发、技术攻关、工艺革新等合作行动的机会非常有限，通常只能作为"教师的助手"或者企业师傅的"学徒"，从事一些技能要求低或技术含量少的辅助工作，其职业技能水平和综合职业素质，很难得到实质性提高。不可否认，从"利益驱动型校企合作"到"智慧互补型校企合作"，校企合作达到了一个新的高度。不过，在"智慧互补型校企合作"中，校企双方依旧遵从"自我中心"的思维方式，以自身的完善和发展为目的，并没有把更多的关注目光投向对方。因此，"智慧互补型校企合作"尚不足以彻底根除校企合作中的狭隘性、浅表性，只能作为校企合作的一种过渡形态，需进一步发展。

3. 价值认同型校企合作

近年来，随着行业办学和职业教育的集团化发展，校企合作又有了一种新类型——价值认同型。这是一种立足长远、以共同价值为追求的、全方位的深度校企合作。职业院校和企业作为两个不同的社会组织，各自承担不同的社会功能。职业院校作为职业人才培养的主要阵地，要通过教育为社会各行各业培养实用人才；而企业是一个生产组织，要为社会创造经济利润。因此，职业院校和企业之间必然存在表层的利益冲突。如何化解这种利益冲突既是一个认识问题，也是一个长期困扰我国校企合作发展的实践问题。笔者认为，我们必须站在社会发展、民族国家长远发展的战略高度，把职业人才培养质量的提高作为校企合作的核心价值追求。当然，这绝不是说校企合作可以无视企业的利益，而是旨在表明：在校企合作中，教育目的和经济利益之间存在一个先后和轻重的问题。

如果对校企合作的目的做一个词典式排序，那么，教育目的应位列第一，企业的生产利润则应退居其后。从长远角度看，企业积极参与职业教育，不仅是其应尽的一份社会责任，也是企业对自身未来发展的一种战略投资，毕竟企业终将是校企合作的"重要受益人"。"价值认同型校企合作"要求校企双方在价值认同的基础上实现高度融合，结成一个新的发展共同体。在这个新的发展共同体中，校企双方是一种"嵌入式"的存在，即"企业是职业院校眼中的企业，职业院校是企业手中的职业院校"，彼此用心沟通，真诚相待，共谋发展。为此，校企双方都需要形成一种新型的"关系性思维"，从"我们"这个整体出发，重新界定对方的身份地位，不再视对方为工具，而是视对方为目的。若此，校企双方的角色关系也就由伙伴式、朋友式的"你—我"关系，转变为一种更加民主、平等和融洽的"我们"关系。身份地位的重新界定和新型角色关系的确立，必然能够进一步拓展校企合作空间、丰富合作内容。

从当前我国职业教育校企合作的改革实践看，"价值认同型校企合作"主要包括如下几个方面的内容：①行业（企业）办学或校企共同组建职业教育集团合作办学；②企业参与职业院校人才培养方案和教学计划的制订；③产学研结合，校企共同推进职业教育人才培养模式的改革与创新；④设立专业建设委员会，校企共同筹划职业教育的专业设置；⑤校企共同开发职业教育课程资源；⑥企业全面参与职业院校管理；⑦校企共同建构资源共享、风险共担、互惠互利的合作机制；⑧校企共同培育高度融合的"企业—学校文化"等。

在"价值认同型校企合作"中，由于实现了资源共享，因此校企双方对合作资源的投入，就不再基于一己一时一事的利益计算，而是依据双方的长远发展需要。尽管在合作进程中，不可避免地存在一方一时的资源投入与短期实际收益的不平衡，但从长远角度看，随着合作的深入推进，通过合作机制的不断完善和创新，完全可能实现校企双方利益的动态平衡。这种过程和结果相统一的动态利益平衡，将在如下两个层面上得到体现：一是以"成事"为目标，根据合作协议，明确职责分工，确保具体合作事务、合作项目按时完成，以解决职业院校或企业在发展过程中面临的实际困难和具体问题；二是以"成人"为目的，通过全方位的合作，切实提高职业教育的人才培养质量。因此，"价值认同型校企合作"既要"成事"又要"成人"。能否实现"成事"与"成人"的有机统一，是衡量合作成败的基本尺度。

毫无疑问，如果校企合作仅停留在"成事"层面，也许能在一定程度上实现校企合作的经济功能、学习功能，但绝不可能真正实现其教育功能。而"价值认同型校企合作"是校企之间的一种全方位的、深层次的长远合作，"成事"与"成人"的双重价值追求，既有利于校企合作的经济功能、学习功能的实现，又有利于发挥其独特的教育功能。

从以上的比较分析中，我们完全可以看出："利益驱动型"是校企合作的初始形态，是一种表层合作；"智慧互补型"是校企合作的过渡形态，是一种中层合作；而"价值认同型"则是校企合作的高级形态，是一种深层合作。尽管在我国"价值认同型校企合作"近年才开始出现，且为数不多，但它解决了校企合作的深层矛盾，具有前两种类型校企合作无可比拟的优越性。由此推知，从"利益驱动"走向"价值认同"，是职业教育校企合作深度推进的必由之路。

（本节主笔：董存田、张胜军，协助：徐媛媛）

第三节　城乡职教统筹，发挥城市的主导作用

实现城乡统筹发展是我国经济社会发展战略的重要转变，也是实现城乡和谐发展、一体化发展可依赖的重要路径。职业教育是城乡统筹的重要内容，也是促进城乡统筹的有效手段，在城乡统筹发展中具有独特的作用。所谓城乡职业教育统筹，就是基于城乡经济社会发展由二元结构向一元结构转换，实现一体化发展的趋势，通过对职业教育的统筹规划、制度设计和政策的创新，优化城乡职业教育结构，提升办学效能，促进城乡职业教育良性互动，协调发展。

一、城乡职业教育统筹的现实意义

1. 城乡统筹的题中之义

所谓城乡统筹发展，就是把农村经济与社会发展纳入国民经济与社会发展整体之中，统筹规划、综合考虑，通过统筹解决城市和农村经济社会发展中的各种问题，打破长期以来城乡分割的二元状态，促进资源有序流动和优化配置，最终实现城乡共同繁荣，和谐发展。统筹城乡发展的实质是促进城乡由传统的"二元经济社会结构"向一体化的现代"单元经济社会结构"转变，给城乡居民，尤其是农村民众平等的发展机会。城乡一体化的实现，标志着城市和乡村在经济、社会、生态环境、空间布局上实现整体性的协调发展。这既是城乡融合的理想模式，也是社会经济发展必经的过程，是经济、社会以及人和自然整个社会与自然生态系统和谐发展的高级状态。

城乡统筹发展内容包括多个方面，当然也包含各级各类教育，尤其是与城乡经济社会发展关系更为密切的职业教育的统筹发展；城乡职业教育统筹发展不仅是城乡统筹内容的重要组成部分，而且是实现城乡经济社会统筹发展的必要路径，还是提高职业教育服务效能与效益的需要。也就是说，在城乡职业教育统筹发展过程中，职业教育在促进作为农村发展主体的作用中具有不可替代性，同时也是未来职业教育发展的必然选择。

2. 现代职业教育体系建立的重要标志

《国家中长期教育改革和发展规划纲要》要求，"到 2020 年，形成适应发展方式转变和经济结构调整要求、体现终身教育理念、中等和高等职业教育协调发展的现代职业教育体系，满足人民群众接受职业教育的需求，满足经济社会对高素质劳动者和技能型人才的需要"。结合我国经济社会发展趋势，特别是城乡统筹发展以及新农村建设的目标，笔者认为现代职业教育体系建立的标志主要体现为四个"度"：一是从职业教育与外部经济社会的关系来看，具有较高的"吻合度"，即职业教育的发展规模、专业结构与社会产业结构和人民群众的需求结构保持良好的吻合性；二是从职业教育内部关系来看，具有较高的"融合度"，即职业教育与普通教育横向充分沟通和渗透，初、中、高职业教育纵向紧密衔接；三是从职业教育服务功能来看，具有较高的"满意度"，即能够更好地满足人民群众对终身职业教育的需要，职业教育的形式结构进一步完善，职业学校教育与职业培训并举，两者保持合理的比例；四是从职业教育的空间组织形式来看，具有较高的"统筹度"，即城乡职业教育统筹发展，并渐趋一体化。这是职业教育高度发达，现代职业教育体系建立的核心指标之一。在这一阶段，城乡职业教育资源共享，流动顺畅，呈现城乡职业教育区域发展一体化，在此基础上运行的职业教育效能更强，其地位得到社会的广泛认可。

3. 教育公平与利益整合的优选路径

一个和谐社会的首要条件就是"公平"要素在社会生产、生活中广泛而有效地发挥着"规范"性作用，缺乏公平的社会不能称之为和谐社会，公平是和谐社会的最基本内涵。在城乡二元分治背景下公平包含了多重含义：一是两者在社会生活中享有平等享受社会物质、精神文明的权利；二是两者在社会生产中享有平等发展的权利；三是承认两者异质性的同时促进向对方发展。实现城乡社会公平发展有着包含职业教育在内的多种路径的选择，而城乡职业教育统筹发展既是实现城乡职业教育公平发展的必然路径，也是从根本上推进社会公平目标实现的现实的路径。

首先，从理论上说，通过城乡职业教育统筹，可以为人，尤其是农民的发展，提供更加公平的、优质的、与城市人相同或相近的职业教育资源。众所周知，从根本上来说，农村的贫困实质是教育的贫困所致，是不公平的教育，或者说是低质的教育剥夺了农民受教育的权利和发展的机会，使他们陷入了劣质教育导致的贫困恶性循环的圈子，因而，一旦农民能够和城里人一样享受优质的职业教育资源，那么，至少从理论上可以说，为他们改变自己的不利处境创造了条件。

其次，从实践上讲，城乡职业教育统筹将为农村职业教育的发展创造更加有利的条件和发展空间。一方面，通过统筹，能够在较大程度上、较好地革除教育资源要素流动的壁垒，冲破制约农村职业教育发展的瓶颈，促进城乡职业教育快速发展、稳步发展，这是偏重于城乡职业教育发展规模与速度等效率层面的提升；另一方面，通过统筹，能够实现城乡职业教育资源配置的相对均衡，促进城乡职业教育系统内部结构的优化，使城乡职业教育和谐发展，这是偏重于职业教育公平与效能层面的提高。

最后，城乡职业教育统筹发展、一体化发展，并不是要求城市和乡村一个模式发展，而是强调两者发展权利的公平，能够共同享受优质教育资源。真正意义上的城乡职业教育公平，是在注意合理分配发展权益同时，还注意两者发展利益差异性的有效整合。差异发展、错位发展往往更能够提高发展效益和市场竞争力。城乡职业教育统筹就是要使城乡职业教育效益最大化，服务效能扩大化，就是要把源于城乡二元对立，在职业教育上呈现的一些负面因素控制、压缩到最小限度，逐步形成一个良性循环的运行机制，以确保以公平为核心的和谐社会的最终实现。

二、城乡职业教育统筹发展的实现路径

1. 统筹发展规划，坚持城乡共生，以城带乡，协调发展

统筹城乡职业教育规划是指基于一定区域范围内的城乡经济社会以及职业教育发展战略、发展特点和发展水平，以区域共生和"一盘棋"发展理念，对未来一定时期该区域范围内的城乡职业教育发展进行整体部署，使其与区域经济社会和教育发展结构相吻合，促进城乡职业教育良性互动，和谐发展，提高运作效能，实现办学效益最大化。这一涵义的实质是通过"统筹"，促进城乡职业教育整体获得更好发展，提升服务经济社会以及民众的效能。

第一，统筹规划是城乡职业教育的必由之路。按照共生经济理论，"城""乡"原本就是互为共生，相互依存的同一系统的两个单元，其分割状态是城乡经济社会的一个历史性的阶段性现象，最终必将逐步融合、一体化发展。据此，笔者认为，作为城乡经济社会发展重要组成部分的职业教育也必将迈入一体化进程。可以说，城乡职业教育实现统筹发展，进而一体化，是城乡职业教育发展的必然，也是两者关系的最高发展阶段，是崭新的现代职业教育体系形

成的重要标志。

第二，统筹规划内涵丰富。统筹规划主要涉及以下几个层面的内容：一是城乡职业教育布局的统筹规划。包括城乡职业教育外在的空间布局的统筹规划和内在的区域内职业教育结构和定位、功能的统筹规划。其实质是通过对以中心城市和区域发展轴线为主体的城乡职业教育布局结构的统一规划，实现学校设置、功能与定位等的统筹安排。在布局规划中，一方面要依据城乡地理位置特点以及由此确定的区域经济发展优势功能，如产业结构特点、企业对人力资源的需求特点等，分区设置学校和布局专业，确定优势专业群，选择相应的办学模式；同时，依据中心城市与区域经济社会综合特点和比较优势，尤其是城乡经济、职业教育发展基础，企业和农民对职业教育发展需求迫切性程度，建立各地城乡职业教育统筹发展推进的"时间序列"和"空间位序"。另一方面，要根据分区功能定位和产业发展重点，凝练、打造区域职业教育特色与品牌，勾画和谐相融的新型城乡职业教育形态。再一方面，由于在每个特定的区域范围内都存在明显的"核心—外围"式空间关系（通常分为核心层、紧密层和边缘层），这种空间关系对城乡职业教育关系产生着重要影响。因此，在规划时要同时按照区域内的经济社会发展特点、空间距离、人口状况（包括人口数量、常住人口和流动人口数量）等指标，对区域范围内的城乡职业教育功能定位、服务对象与范围等进行划分。二是资源配置的统筹规划。主要包括教师等人力资源、财力资源以及教学设备等物质资源的统筹规划。三是招生市场的统筹规划。四是城乡职业教育服务体系的统筹规划。

第三，统筹规划必须具有全新的理念。一是全域理念。要基于城乡共生和大职教的理念，以及未来城乡职业教育一体化的发展趋势，全面、综合考量城乡职业教育统筹规划问题。要按照系统性、综合性的要求，运用区域主体功能定位和统筹发展的基本原则，对城乡职业教育科学规划。二是以人为本理念。职业学校与培训机构的布局要方便城乡尤其是农村学习者求学与就学。无论是学校的设立、专业的设置，或者是教学内容、教学时间的安排等，都要考虑农村学习者的需求与特点，要最大程度地满足农民的需要，体现职业教育的人民性。三是效能、效益最大化理念。在统筹规划时，要考虑如何布局规划更有利于提高区域职业教育整体的服务效能以及各办学机构潜能的发挥，有利于在节约教育资源的情况下，实现办学效益最大化。

第四，统筹规划要体现以城带乡，以乡促城，城乡互动的方针。由于农村地理位置的劣势性、农村经济的不发达性，更由于长期以来职业教育发展政策城市取向性的客观存在，农村职业教育在相当长的时期内将会延续其劣势教育的状态，因此，统筹城乡规划，要体现城市职业教育对农村职业教育的反哺和引领作用，最终形成城乡职业教育互动发展、和谐发展的局面。

2. 统筹资源配置，坚持农村优先，有序流动，均衡发展

由于长期以来"重工轻农、重城轻乡、重市民轻农民"的"城市取向""城市优先"意识与行为的存在，使得在城乡社会发展政策的制定上，往往是"先工业后农业，先城市后农村，先市民后农民"，这种发展意识在职业教育领域同样有着深刻的反映，这就是城乡职业教育资源配置不公平，各种教育资源要素缺乏流动，城市职业教育"锦上添花"式的教育富足和浪费与农村职业教育的贫困和捉襟见肘的不公平景象共存。

统筹城乡职业教育资源配置，就是要统筹配置影响城乡职业教育发展的各种要素，并通过有效的制度安排与政策创新，引导包括师资、生源、教学仪器和实验设施、信息等资源在城乡职业学校之间合理流动，创造城乡职业教育平等使用教育资源发展的环境。从某种意义上说，统筹城乡职业教育要素配置，实际上就是要改变目前存在的诸如教师等优质教育资源向城市单向流动的状态，增强农村职业学校对优质教育资源的吸引力，使要素资源在城乡职业学校之间双向流动，共享优质教育资源，充分发挥资源的作用。应该说，在我国一系列发展农村职业教育倾斜政策的激励下，许多地方通过组建城乡职业教育集团、合作办学、帮扶办学等形式，使城乡职业教育资源有了一定的流动，但各种要素在城乡职业教育之间的流动与互动远远不够，特别是以投资、师资等为要素的优质核心资源还远远没有得到较好流动，由城市魅力、城市的优势性所决定的城市取向型教育要素配置失衡的状态依然没有得到根本性的改变。笔者认为，就城乡经济社会统筹发展以及职业教育一体化的趋势与要求看，要真正促进优质职业教育资源要素向农村职业学校流动，使城乡职业教育所占有的资源要素逐步达到协调平衡，那么就必须注意从以下两个方面着手。

首先，要根据农村职业教育现实的资源不足以及发展需要，优先向农村职业教育配置资源。在公共资源配置领域，优先满足农村职业教育改变生存与现实的发展状态的需要。如要加快农村劳动力市场建设，形成城市互通、发达的就业服务体系，要大力推进农村职业学校信息平台建设，建设城乡一体化的信息高速公路等。在市场配置领域，要通过政府以及有关教育主管部门"有形的手"进行必要的干预，引导以经费投资和师资等为主的资源要素向农村职业学校流动与配置。包括从法律层面作出明确的农村倾向的规定，以加大财政

对农村职业教育与培训的投入，建立与实施免费农村职业教育与培训制度和义务职业教育制度等，从政策层面引导更多教育资源流向农村职业学校。

其次，畅通城乡职业教育互动渠道，建立有序的职业教育资源流动机制。至今，我国城乡职业教育之间没有建立起能够进行有效的深层次的互动渠道，更没有建立起资源有效配置与流动的机制，以人为核心的职业教育诸要素在流动中存在着很大的障碍。因此，必须根据统筹发展的要求，建立起城乡职业教育沟通与互动以及有序流动的机制，重点是统筹城乡职业教育劳动力就业市场、招生市场、人力资源市场等。只有形成统一的城乡职业教育资源配置和流动的机制与市场，才能真正实现城乡职业教育良性互动和一体化的实现，也才能从根本上解决城乡职业教育发展失衡和不公平的问题。

3. 统筹制度安排，坚持有效供给，优化配置，持续发展

统筹城乡职业教育发展的关键是建立城乡统一的职业教育制度。只有建立城乡统一的制度，才能走出城乡职业教育分割的办学体制、管理体制和投资体制，形成城乡区域范围内的统一的职业教育市场，有效地调动城乡职业教育各办学主体、投资主体和受教育者的积极性、创造性和主动性，也才能转变"城市偏向"、城市化办学模式的职业教育发展格局，形成城乡职业教育协调发展，共同服务城乡经济社会发展和新农村建设的局面。

首先，必须保障城乡职业教育统筹发展的制度充分供给和有效供给。一方面，以"公平"为导向、为准绳的城乡职业教育利益的整合并不是一个自发的过程，特别是在城乡职业教育统筹发展的初始阶段，要求更多外在的客观制约因子注入其中。这首先表现为对我国职业教育制度供给的诉求。从根本上说，城乡职业教育统筹发展、和谐发展，无疑是通过城乡职业教育发展权益的整合，重塑教育公平，而这归根结底是对城乡职业教育统筹发展制度的一种理论探讨和实践探索。另一方面，制度和政策属于稀缺性的职业教育发展资源，在一定意义上说，制度和政策的供给要比简单地或者直接地增加一些职业教育投资重要得多。因为制度常常更具有法律的或者强制的意义，执行力更强，而且，制度与政策具有持续的规范与制约作用。从当前来看，城乡职业教育统筹，既会对统筹制度不断提出需求，更要求在制度安排时更多地考虑农村职业教育发展对制度安排的要求，也就是说制度的设计既要考虑城乡职业教育统筹发展的需要，又要清醒地看到城乡职业教育统筹的关键和难点是农村职业教育的发展，抓住了农村职业教育这个关键，就能够在很大程度上起到纲举目张的作用。目前，迫切需要安排或者逐步建立的城乡职业教育统筹制度包括很多方

面，如职业学校教师流动制度、农民工培训与管理制度、新生代农民工培训制度、免费职业教育（甚至是义务职业教育）与培训制度、城乡职业学校配对（合作）建设制度、农村成人教育经费制度、农业职业教育发展制度、弱势职业教育专业扶持发展制度等。

其次，必须公平、优化配置城乡职业教育统筹发展制度。制度常常是"歧视性"的，这就意味着，在给予某个地区或者某种类型的职业教育发展以某种制度的同时，对其相对的地区或类型的职业教育或多或少是有限制的，甚至是禁止的。在很多时候，我国农村职业教育正如经济发展一样，其发展由于制度的或者政策的原因是被限制的，甚至是被歧视的。在我国农村职业教育发展过程中，农村地区常常不拥有与城市对等的政策供给，这使城市职业教育拥有了相对于农村职业教育较大的政策优势，而对这种政策优势的运用，最终便形成了城市职业教育对农村职业教育的发展优势、竞争优势。城市职业教育发展的制度优势及其结果主要体现在三个方面：一是由投资政策导致的城市职业教育基础能力建设优势。城市职业教育由于获得更多的来自于政府以及企业等的投资，其办学条件更为优良，办学能力更强，办学质量自然可能会更高，最终表现为毕业生在劳动力市场更具竞争力；二是由城乡差别导致的城市职业教育资源配置优势，表现为城市职业教育在师资、生源等教育资源要素配置效率上具有显著的优势；三是不公平的就业制度与城市发达的就业市场体系，导致了城市职业学校毕业生具有更大的就业优势。一方面，农村人口的就业、失业问题虽然已经逐步进入了政府和公众视野，但是并没有真正成为政府的行为，更没有得到政策的、制度的支持与关照。如我国农村人口的失业并没有包含在我国政府的统计中，也没有特别的针对农村人口就业与失业的保障政策；另一方面，城市职业学校具有更大的信息优势，这为城市职业学校就业竞争力的提高创造了优势条件。

4. 统筹公共服务，坚持政府主导，市场调节，共同发展

统筹城乡职业教育公共服务，缩小两者之间教育公共服务水平的差距，是促进城乡职业教育共同发展的基础。逐步建立统一的城乡职业教育公共服务体系，既有利于城乡职业教育的对接和办学效能的扩大与优化，也有利于推进农村职业教育办学水平的提高，提升城乡职业教育服务新农村建设的功能。统筹城乡职业教育公共服务，其内容主要涉及统筹提高农村职业教育基础能力建设的公共财政，统筹城乡职业教育劳动力市场和招生市场建设等。

首先，必须确立政府在统筹城乡职业教育公共服务中的主导地位。这是统

筹城乡职业教育发展各项目标得以达成的重要保障。统筹城乡职业教育发展，作为一种发展理念的重大突破和发展战略的重要转型，其公共服务能力的提高需要政府主导。由于市场调节这个"无形之手"存在的缺陷以及客观存在的城乡二元结构，在城乡职业教育统筹过程中，尤其是起始阶段，都需要政府"有形之手"主导下的政策改革的推进。这既是职业教育市场发育过程中的需要，更是改变我国职业教育管理体制现实状态的需要。根据我国现行管理体制的特点，在推动政策改革方面，越是上级政府，越有政治动员和政策主导的能力，越能发挥更大的作用；而从统筹的区域和范围来说，越是上级政府，管辖的区域范围越大，统筹配置资源的回旋余地越大，统筹的行为空间和作用效果也越大，这可称为统筹城乡发展的"大局效应"。我国城乡职业教育的统筹发展也逃脱不了这一规律。

其次，必须扩大公共财政对农村职业教育发展支持的力度。政府应在财政政策方面更多考虑农村职业教育发展的需要，要把投入的重点转向农村职业学校基础能力建设；要按照有利于逐步实现城乡职业教育基本公共服务均等化的要求，加快完善公共财政体制，加大公共财政向农村职业教育的转移支付。要整合职业教育专项资金，提高资金使用效率。近年来，中央和省级政府用于发展农村职业教育的资金有很大一部分以专项资金形式分散于劳动、教育、民政等各个部门，由于受部门利益和条块分割管理体制的影响以及缺乏有效的经费使用监控机制，资金使用效率不高；不仅如此，这些资金在使用过程中存在着被挪用、侵占、套用，使用不到位的问题，更有甚者，一些地方和一些单位，为了捞到国家补贴，培训学校有的炮制"空气考生"，和厂家负责人分赃；有的在完全不具备办学条件的情况下胡乱培训，赚"高额利润"；有的以重金行贿"买"指标。农民工培训指标成了一些人眼中的"唐僧肉"。类似现象已经司空见惯，屡见不鲜。职业教育与培训专项经费使用中存在的"跑、冒、滴、漏"现象，使国家的经费投资实际效用大大缩水。有鉴于此，笔者认为，一方面必须协调好涉及经费使用管理的"条条""块块"的关系，另一方面要建立起相应的经费管理制度，加强对分散在各部门的职业教育与培训资金的管理与审计；强化对专项经费的统筹管理，要把财权和事权统一，既调动真正的职业教育与培训机构的积极性，又最大程度上减少经费的浪费现象。

最后，要加快并优先建立城乡一体化的职业教育招生市场和就业市场。现代市场经济制度以及逐步开放的职业教育市场，要求建立城乡统一的招生与就业制度。在统一的招生与就业制度的引导下，学习者可以自主选择学校以及需要的职业教育，劳动力在城市和农村的边际生产率和工资率趋于均衡。招生、就业市场统一，既是有效解决职业教育"入口"和"出口"的关键，也是实现城乡职业教育公平发展、统筹发展和一体化发展不可或缺的平台。现实的状况是，虽然城乡统一的职业教育市场逐步建立，但城乡就业制度却严重分割，这种城乡不统一的就业制度，扭曲了劳动力的价格和供求信息，破坏了统一的劳动力市场，不利于劳动力在城乡之间优化配置，也不利于农村职业教育与培训市场的发展与发育。因此，建立起统一的招生、就业市场，有助于城乡学生平等地、快捷地获取招生、就业市场的信息，自由地选择接受职业教育，有效地获取就业信息，从而为学生创造机会均等的学习和就业环境与条件。

（本节主笔：马建富、董存田，协助：许悦）

第四节　中职高职衔接，建立纵向贯通的学历体系

在现代职业教育体系建设中，"中职高职衔接"是重要内容之一。联合国教科文组织，《面向二十一世纪高等教育宣言》指出："创造高质量的工作有赖于高质量的劳动大军，而高质量的劳动大军的培养正是由高等教育与'技术和职业教育'一起来完成的"。可见，中等职业教育与高等教育衔接意义重大。

江苏省正在试点的中职与高职，中职与本科分段培养的试点，是实现有效"衔接"的一种积极尝试。具体形式有四种：其一，中高职 3 + 2 或 3 + 3 分段培养。即中等职业教育学习 3 年，进入高等职业教育学习 2 年或 3 年。5 年或 6 年学习期间，由对口试点的中高等职业院校，统筹制定对口专业中高职理论知识课程和技能训练课程衔接贯通教学体系，系统化培养高级技能人才。该项目学生通过注册入学方式进入高职阶段学习。其二，中职与普通本科 3 + 4 分段培养。即中等职业教育学习 3 年，进入普通本科教育学习 4 年。7 年学习期间，由对口试点的中职校和本科院校，统筹制定对口专业理论知识课程和技能训练课程衔接贯通教学体系，系统化培养本科层次高端技能人才。该项目学生通过对口单招进入本科阶段学习。"3 + 4"方式考试内容以专业技能和中职教育学业水平测试为主，其标准由本科院校与对口中职校共同制定，报省教育考试院审定。其三，高职与普通本科分段培养。即高等职业教育学习 3 年（五年制高职学习 5 年），经过资格考核，进入普通本科教育学习 2 年。学习期间，由对口试点的高职和本科院校，统筹制定对口专业理论知识课程和技能训练课

程衔接贯通教学体系，系统化培养本科层次高端技能人才。该项目本科招生可纳入"专转本"渠道，"专转本"选拔方式由本科院校与对口高职院校共同制定，报省教育厅审定。其四，高职与普通本科联合培养。高职与普通本科院校合作，以本科院校招生计划在本二批次联合招生，培养4年制本科层次高端技能人才。学习期间，由对口试点的高职和本科院校，按照本科应用型人才培养标准和高端技能人才要求，联合制定专业理论知识课程和技能训练实践课程教学体系，确定学生在高职院校和本科院校灵活多样的学习方式，培养具有高级技能的本科层次应用型人才。

一、分段培养试点成功的可能

试点毕竟是试点，既要大胆地试，又要科学地试，好在有包括试点工作参与者，不仅有"历史襟怀"之高远，"中流击水"之豪迈，也有对"隐患"之警觉，对"质量"之担忧，如此之科学精神和执事态度，预示着此番试点工作必会得出科学的结论和有益的经验。

分段培养有三个积极预期：一是，冲破应试教育的壁垒，为学生开拓全新的成就学业的路径，绕过（不是迈过也不是降低）学术型教育的门槛，引导学生专注于技能型人才目标。二是，以高等教育的感召力和优质职业学校的现实实力引导学生有信心、无顾忌地选择职业教育，增强职业教育获得优秀生源的主动权。三是，统筹制定对口专业理论知识课程和技能训练课程衔接贯通教学体系，高校与中职校协作，共同对6~7年的学习周期进行整体设计，避免重复考试和类型转换的环节，提高人才培养的效率。

现代职业教育体系建设试点项目已经到了由注重规模扩张转向内涵式发展的阶段。重点是要在各级教育行政管理部门、牵头高校与合作学校的共同努力下，对试点项目实践探索中暴露出的一系列问题进行深入的原因分析，找出破解之道，逐一加以解决，并将解决的办法措施固化到各项管理政策中，唯有如此才能保证试点项目的健康发展。因此，这一转变不仅决定着试点项目本身的成败，也决定着江苏构建现代职业教育体系这一系统工程的成败。

从本质上讲，在试点项目推进过程中，牵头高校与合作学校的出发点和归宿是一致的，即在明确的分工与合作的基础上系统化培养高层次技术技能型人才。只不过在现有教育生态环境条件下，在具体合作过程中，合作双方出现了诉求上的不一致。比如职业学校总希望试点项目数能更多，招生数也能更多，这样有利于解决其面临的招生难、招生差的问题；同时也总希望牵头学校对试点项目人才培养所设置的标准越低越好，过程监控也越少越好，这样有利于减轻培养压力。但作为牵头高校而言，则恰恰相反，总希望合作学校的招生要少而优，设置的培养标准要高，过程监控要严。事实上，如果从项目试点的本质出发去看待这一问题就会发现，如果职业学校在招生与培养环节上严格坚守质量标准，那么虽然短期内可能会对学校和试点项目形成一定的压力，但从长远角度看，这恰恰会增强试点项目的吸引力，有利于职业学校的发展。所以，只要合作双方均能胸怀大局、认清使命，站在构建具有世界水平、中国特色现代职业教育体系的高度上来看待和处理合作中的各类问题，那么所有的分歧和矛盾都是可以解决的，因为彼此的目的和归宿是一致的。

本科高校应当高度重视其中"采取试点推动、示范引领等方式，引导一批普通本科高等学校向应用技术类型高等学校转型，重点举办本科职业教育"这一信号，认真思考此举对自身发展的重要意义。高校不可以也不应该高高在上，必须紧密结合经济社会发展实际培养应用型高级专门人才，在转型中实现应用型大学之使命。事实上，参与现代职业教育体系建设试点项目不仅仅是地方应用型本科院校的职责，更是所有大学义不容辞的时代使命，地方综合性大学，乃至"211""985"高校都应当转变观念，转型发展，哪怕从个别院系、个别专业开始，也应积极参与现代职业教育体系建设试点项目，视自己为职业教育的一部分。果真如此，才能使职业教育真正形成强大的吸引力，也才能真正打破职业教育人才培养的"天花板"，从而真正构建起职业教育人才成长的"立交桥"，并最终达成构建现代职业教育体系之宏伟目标。

二、分段培养试点潜在的风险

良好的预期并不等于现实的成果，在实际运行中，必须做好风险评估，并着力规避之，克服之。其一，设计风险，取消升学考试环节，如何用新的方式和机制激励中学阶段教师和学生的动机？参试学校间如何在理念上、机制上、态度上的互动？其二，操作风险，参试中职校是否能坚持技能型特长招生导向，保持职业教育培养特色，并严格质量控制？参试高校及其涉事者是否能调正观念，担当责任，放下身段，积极融入？其三，世俗风险，学生及其家长是否真正做好了走技能型人才的发展之路的准备？抑或只是为了及早确立了大学生的身份？政策制定者和用人单位对此类毕业生是否会一视同仁甚至高看一眼？或是有种种设限？

不论是"中职与高职衔接""中职与本科衔接"项目，还是其中的"高职与本科衔接"项目，与现存的"对口单招"和"专转本"升学模式在许多方面有着很大的不同。而其中最大的不同就在于，现代职业教育体系建设试点项目的学生不需要参加全省统一的升学考试，只需要满足合作学校的毕业条件和牵头高校所制定的转段条件就可以实现升学。而学生要想通过"对口单招"或"专转本"这些传统渠道进行升学，则必须参加全省的统一考试。可以说，这正是试点项目改革探索的主要内容，就是要走出一条不同于现有升学模式的人才选拔培养道路。既然不提倡全省统一的一次性考试，要建立基于过程的人才培养与升学机制，那么随之而来的问题就是，在没有了统一考试的压力条件下，合作双方即使制定出了科学合理的人才培养方案、课程衔接体系和课程标准，可如何才能保证学生在职业学校学习阶段的质量呢？是不是作为牵头高校可以只管结果而不管培养过程呢？是不是牵头高校就可以完全相信职业学校的能力和态度，把学生的培养质量全部交给对方呢？很显然，在现有教育生态和信息不对称条件下，这样做是存在很大风险的。基于此，加强对学生在合作学校学习期间培养质量的过程监控就变得十分重要。就目前的实践而言，有的牵头高校已经形成了有借鉴意义的做法。第一，建立了基于过程的学生学业考核评价机制。这个机制就是在充分尊重和考虑合作学校实际情况的基础上，明确试点项目学生从入学、培养到毕业、转段各个环节应满足的具体要求，并设立了基于过程而非一次性的考核评价方法，以此保证人才培养目标的实现。比如江苏理工学院就已经建立起了针对试点班学生在职业学校学习阶段的学年学业审核制度，非常明确地规定了学生在每一阶段的学习上必须要达到什么样的要求才能在试点班继续学习，否则就需要转出试点班并按普通班的要求进行培养和毕业。第二，建立了基于过程的人才培养质量监控机制。也就说牵头高校要介入合作学校人才培养的过程中进行监控，而不是事后评价，以此保证人才培养的质量。比如建立了针对所有合作学校的专业基础课程的联考制度、专业核心课程以及关键实践环节的教考分离制度等。

三、分段培养试点的着力点

传统的专业能力培养路径是从基础课—专业基础课—专业课—实践课，假定培养成了一个工程师，建造的是一座"空心宝塔"。职业教育的课程体系旨在建设一个"实心宝塔"。就是把学生的从业者角色提前，及早树立岗位意识，进入工作情境，以工作岗位能力为导向，制定明确而有限的学习目标，由低到高，渐次提升，阶梯式发展。将每个阶段的内容、目标、要求明细化、模块化，将能力项目分解到各个教学环节当中去，作为课程设置与考核的标准。每一个阶段对应一到二个学历层级和一到二个工作岗位层级，如熟练工对应初等和中等职业教育，普工岗位；技术员对应中等职业教育或专科高职教育，技师或工长岗位；技术师对应本、专科高职教育层级，工艺师或中级管理岗位；技术家对应硕士、博士高职层级，技术高管或技术研发岗位。"通过工作的教育"是职业教育的基本特征，建立与理论课程并行不悖的实践教学体系是职业教育的必然选择。学生通过完成项目，熟悉工作环境、学会工作流程、掌握工具设备操作方法、锻炼分析评价与创新能力、掌握事故处理能力、提高协作沟通能力，树立安全环境意识，同时提高理论知识的认知能力，接受方法论和价值观教育。

本项目中所涉及的在中等职业教育与高等教育的课程衔接中，一要做好让职业能力训练和实践项目类课程跨越教育层次得以通用，尽力减少学分损失；二要做好职业知识课程接轨，通过知识点的分析，找准衔接点，理清承继关系，避免脱节；三要标定与上一层次相同名称，不同难度项目的基准水平，把握提升、加深和拓展的起点，新增的项目要尽力借助原有项目的要素，以提高训练效率。

试点项目最突出强调的就是职业教育特点，推行"做中学、做中教"，优化公共基础课程体系，构建以能力为本位、以职业实践为主线、以项目课程为主体的模块化专业课程体系。就牵头高校尤其是本科层次高校而言，这与目前其以培养"学术性"人才见长的教育生态有着很大不同。对于省内的"211""985"高校而言，研究型大学学生的培养目标定位就是学术型人才。对于省属综合性大学，人才培养的目标定位虽然多种多样，但也更多地突出的是学术性。对省属应用型本科院校而言，尽管其十分注重人才培养的"应用性"，但整个培养过程的"学理性"依然比较浓厚，距离企业的实际需求还有不小的差距。此外，对于为数不少的省属应用型本科院校而言，尽管其已经有比较长的接受职业学校学生的经历，比如接受通过"对口单招""专转本"渠道升学的学生，但当他们进入本科以后，沿袭的仍然是学术型人才的培养模式。与之相关联，牵头高校内部各系统尤其是师资队伍，还不能完全胜任培养高层次技术技能型人才的要求。这样的人才培养模式，脱离了产业发展的实际需求，造成了大学生的就业难问题。基于此，从适应社会经济发展的实际需要来看，牵头高校转型发展职业教育已是大势所趋，从国务院发布的《关于加快建设现代职业教育体系的决定》和全国职业教育工作会议所传递出的信息已经清楚地表明了这一点。目前现代职业教育体系建设试点项目的实施，为参加该项目的本科高校提供了一个难得的转型发展的机遇。通过牵头开展试点项目的相关工作，有利于其深入思考、探索和实践如何培养高层次技术技能型人才的模式，对于改变或扭转其教育生态具有重要意义。也就是说，率先参加现代职业教育体系建设试点项目的本科高校，可以更多地积累转型的经验，有利于其更好地融入现代职业教育体系及今后的转型发展。

四、分段培养的学生培养质量标准

职业教育进行学业评价的主要依据从学习时间改为学习成果，将"做事""操作"作为刚性指标，标准化、目标化、项目化、梯次化。第一，提取职业技能要素，制定职业能力标准，明确每个学习者必须达到的最低目标，并制定可检测考核办法，打破高分低能魔咒。第二，列出每个层级每个专业所要完成的数量，包括必备项目的清单和可选项目的范围，让教育者和学生共知，教生之间，协作学校之间互相督导。第三，让"技能"的认同度、信誉度、美誉度得到强化，强化专业技能考核的权威性，建立将实际应用成果作为学业成果的认定制度，让学业成绩在"技术"中检验，技术在"生产力"中检验。第四，科学文化素养课程、基础知识课程学习进行柔性评价，为能力的培养让出空间。柔性不仅仅体现在减少或降低，而是开拓更为开放、自由、民主的学业空间，让学生自主选择"深"或"浅"，"专"或"博"，"多"或"少"，"偏文"或"偏理"等。

在分段培养中，协作学校之间学分互认是要义，而保障公平、公正、真实、可信是前提。首先，要完善契约管理。建立互相监督基础上的相互信任，签订双边或多边学分互认协议，实现课程对接，学习成果互认。其次，要保证有效的监督。建立学生、学校和学分管理机构的信誉承诺制度，明确违背信誉的罚则，执行惩戒。最后，赋予学生申诉权利。设立透明的申诉流程，成立学分管理仲裁机构，学生对学分积累、转换，或对学习成果认定有异议，可提出申诉，要求仲裁。

从建立现代职业教育体系的本质要求来看，学制衔接中最主要的内容是课程体系的衔接。促进中等职业教育与高等职业教育的协调发展、中高等职业教育与应用型本科教育的协调发展是建立现代职业教育体系的基础性工程，而促进它们之间课程体系的有效衔接是基础，是实现中高职有效衔接、普教与职教沟通渗透的核心，也是加快建设现代职业教育体系的重要内容。试点中各类项目的最大特点就在于，当学生通过选拔进入职业学校就读某一试点专业时，其未来转段后的专业也随之确定，而且不需要参加全省的统一考试就可以实现升学。因此，学制衔接提供了可以从更长时间周期的角度出发来设计人才培养方案的通道。而这样一个人才培养方案，需要合作学校与牵头学校共同谋划设计，要遵循技术技能型人才的成长规律和两阶段学生认知上的变化特点，深入分析知识、能力、素质的提升逻辑顺序，统筹制定对口专业理论知识课程和技能训练课程衔接贯通的教学体系，以实现人才培养的系统化。事实上，教育行政部门对此也十分重视，江苏省教育厅在《关于组织申报 2014 年江苏省现代职业教育体系建设试点项目的通知》中已明确指出："要将开发和完善中高等职业教育相衔接的课程体系作为试点主要任务，密切联合行业企业，认真研究确定人才培养总体目标和分阶段目标，细化综合素质与职业能力培养要求，遵循教育教学规律和技术技能型人才成长规律，加快构建中高等职业教育相衔接的课程体系。分段培养项目应保持前段教育课程的相对独立与完整，重点加强前段教育基础知识、基础技能和继续学习能力的培养；深化后续教育课程改革，增强后续教育课程的衔接性、实践性和职业性"。由此可以看出，课程体系的衔接是现代职业教育体系建设试点项目的核心。

要保障课程衔接体系的顺利建立，首先，需要牵头高校和合作学校建立多层次的合作机制。比如校际层面试点项目工作领导小组的定期会商机制、专业院系层面的定期沟通机制、课程负责人层面的定期交流机制。其次，要加强校企深度合作，不论是牵头高校还是合作的职业学校均要与行业企业联合开发衔接课程体系。当然，省教育厅已经专门启动了中高等职业教育（含应用型本科教育）相衔接的课程体系建设工作，目前各项工作正在有序推进过程中。

在设试点项目上，还有许多工作要做。第一，真正重视起这项工作。根据笔者的了解，省内有相当一部分高校虽然已经牵头参与了若干试点项目，但对此还没有真正重视起来，尤其在与对口学校的合作、专业课程衔接体系的建设以及人才培养过程的介入程度上很不深入，对职业学校人才培养的实际过程不清楚，设置的要求也不明确，这就有可能会给试点项目的健康发展带来隐患。因此，既然做了牵头院校，就应当对此项工作高度重视，将项目做好做优。第二，科学合理设置转段条件。转段条件是合作学校人才培养与教学工作的指挥棒。基于此，牵头高校要依据人才培养的目标定位，科学合理地设置转段条件。转段条件要突出"技能性"和"技术性"，又要体现满足后继培养要求的"基础性"和"学术性"，以保证人才培养的质量。第三，加快建立满足项目需要的师资队伍。牵头高校应加快教师分类管理的步伐，对于将来承担现代职业教育体系建设试点项目的专业，在教师引进、培养、考核、评价等方面要更加侧重于教学能力的考核，而非科研能力的考核，尤其是要十分注重教师实践教学能力的培养、提升与考核。打造一支能胜任高层次技术技能型人才培养的专业化教师队伍。第四，加快推进课程体系衔接建设。就目前的实际情况而言，除了江苏省立项的课程衔接体系建设项目外，其他试点项目课程体系的衔接建设还很不到位，这就需要牵头高校进一步争取政策和加大投入，带领合作学校，联合行业企业，以课程内容与职业标准对接、教学过程与生产过程对接、毕业证书与职业资格证书对接为方向，共同努力，尽快建立起符合人才培养目标要求、满足人才培养需要的课程体系。

（本节主笔：董存田、王志华，协助：许悦）

第五节 实现多元立交，实施学分银行学业管理制度

党的十八届三中全会通过的《中共中央关于全面深化改革若干重大问题的决定》中提出："试行普通高校、高职院校、成人高校之间学分转换，拓宽终身学习通道"。《国家中长期教育改革和发展规划纲要（2010—2020年）》要求"建立学习成果认证体系，建立'学分银行'制度"。"学分"作为学业管理层面的微观问题不仅纳入国家规划，更写入党的重大决定，足见其必要性、紧迫性和艰巨性。日前颁布的《国务院关于加快发展现代职业教育的决定》又提出"建立学分积累与转换制度，推进学习成果互认衔接"，再次阐明了"学分"在职业教育中的重要意义和独特功能。"学分银行"是学分制的一种实现形式，它模拟或借鉴银行的功能特点，实现学分存储、汇兑、折算等功能，使学生能够自由选择学习内容、学习节奏、学习地点和学习方式。斯坦福大学教育学院教授戴维·拉伯雷认为美国高等教育成功的原因之一是"发明了一套非常灵活的学分制度"，其"特别之处"就是"学分可以像流通的货币一样"。

一、"学分银行"制度的基本特征

学分制最先在高等教育中运用，美国不仅完成了社区学院、文理学院和综合性大学之间的学分转换，也建立了在本科与研究生阶段的学分互认制度，基本已解决了学分衔接的问题。基于全球化和欧洲一体化的需要，欧洲创立了学

分转换系统（简称 ECTS），它是欧盟在实施"伊拉斯莫计划"（欧洲大学生流动计划）中开发出的对学生海外学习予以承认的工具，"把学生带到欧洲，把欧洲带给学生"。在我国，不仅由学校主导的以学分制为主要内容的学业管理改革取得了诸多经验，而且由政府主导的开放大学，由企业主导的职工教育，由社区主导的市民终身学习等都在积极尝试。因应职业教育的诸多特殊要求，学分制在职业教育学业管理中被赋予更多新的任务，开发出了更多独有的功能。英国于 1998 年发表了《学习时代》绿皮书，2000 年又颁布《学习与技能法》，推出建立个人学习账户、成立产业大学、提高基本技能、进行资格改革、开展工作场所学习以及地区合作等教育教学管理新举措。2002 年欧盟 31 国教育部长共同通过"哥本哈根进程"，欧洲职业教育与培训学分转换系统（ECVET）诞生，用知识、技术和能力来描述学习者在职业教育与培训项目各个学习过程中获得的学习结果；为正规、非正规和非正式职业教育与培训机构中学习的投入和结果之间的转换提供不同的途径、桥梁和机制；无论学习者在何时、何地从事学习活动，不管采用哪一种培训、教育或模块，通过分析机制对其部分或全部认可，并进行累积和多重认证；简化资格认证过程，提高培训、教育等学习过程或专业学习的流动性。澳大利亚资格框架学分积累模式，将包含普通教育、职业教育、高等教育和职业培训等证书集成在一个全国统一的、连贯的框架之中，当学习者具有某种可以折算成学分的学习经验或知识技能时，可以通过申请认证来完成对先前学分的积累。在亚洲，韩国教育开发院 1995 年正式提出学分银行制，其学位授予式分别由教育人力资源部和大学进行。目前，前者所授学位的数量已超过后者，标识着高等教育中的职业教育因素增强。在世界范围内，以学分为纽带在各类教育之间建立"立交桥"，使不同类型，不同地区，不同层级，不同形式教育之间相互贯通，让学习者更自由地、自主地共享学习资源，在近二三十年已成为一种世界潮流。尽管学分制在不同国家、地区、教育机构实施时各有不同，但都试图发挥五项功能：积累功能——以"知识点"为依据制定学业标准，并折算成学分，将学习者已取得的学分进行认定和记录；转换功能——通过学分互认，学分补偿或学分折算，将学习者已取得的学分认定为相应求学、求职资格的依据；资源配置功能——以学分为纽带在各类教育之间建立"立交桥"，使不同类型，不同地区，不同层级，不同形式教育之间相互贯通，让学习者更自由地、自主地共享学习资源；契约功能——不同教育机构之间建立基于信誉保障，课程对接，学分换算的学分互认协议，实现有序衔接，以便于学习者在教育机构间转接学业；分类分流功能——学习者可根据自己的需要、能力、特长、兴趣、爱好等因素，选择专业、课程、学习方法、内容深度，成就各自的发展目标。这其中最重要的学分积累功能和学分转换功能。而这种功能之所以日益凸显，有着来自教育内外的强大动力。

多个国家实施的结果表明，"学分银行"使学生学习乐趣大大增加，信心及自主学习能力增强，从而使学校整体学习效率与成绩也大有提高，并促进了终身教育体系的形成。联合国教科文组织21世纪教育委员会的报告认为，终身教育应在人们的生活中不再有时间和空间的限制，应该具有灵活、多样和容易进入时间和空间的优点。

1. 以人为本，客户至上

"学分银行"制度使教与学的关系得到改善，学生的"客户"身份得到强化，学校和教师的服务地位更加明确。"选课制"是"学分银行"的内核和灵魂，它允许学生根据自己的兴趣、爱好、能力、特长及其他因素，自主选择专业、课程、任课教师、授课时间、修课方式、每学期修读课程门数等。在这种机制下，学生有机会对自己的职业生涯进行设计，也有机会试错和修正，有利于他们追求个性目标，调动学习成才的积极性；学生可以选择先学什么、先考什么，学分累计、零存整取、工学两便，弥补了正规教育的容量限制，提供了更多平等的教育机会；学生获得了对学校、专业和教师的监督权和否决权，学校将为购买者——学生提供足量质优的"物品"为目标进行教学改革、建设与管理，教师也必须为赢得选择而努力提高自己的工作质量和动机；学生获得进出大学的自主权和自由度，可以在学习途中转"专业"，转"学校"，在学习进度上给予学生更大的弹性空间，有利于学生个性的发展；学生有权选择自己喜好的学习方式，高校和自学考试之间"学分"互认，职业资格证书和课程考试之间互相替代。由此看来，构建不同级别的学分通兑和折算系统，保障不同的教育形式、不同的区域和学校间的学分互认，是构建"学分银行"制度的关键。显然，构建这样一个系统，除了计分、认定、兑换、成本等技术问题之外，更重要的是教育资源的相对丰富，教育质量的全面提高和质量信誉体系的建立等。

当然，以人为本并不等于"人"的权力无限，权利与义务对等，权利的行使合规，毕竟是通用原则。在"学分银行"制度下，学生必须学会自主设计自己的人生或懂得如何求得帮助；学生必须学会做"顾客"的规则，运用好"银行"机制，自主安排时间、选择对象、计算支出等；学生也将接受更加规范的、标准的、严格的考试或评价机制；学生也必须培养出自己的诚信意识和法制意识，在一种诚信文明的社会环境中学习和应考。

2. 灵活弹性，提高效率

"学分银行"的推行是为了给学生提供更多的学习机会，使学生可以不受时间、空间的制约自由学习。这就意味着可能存在一部分学生由于某些原因提前毕业、中途就业或者是延期毕业。"学分银行"充分考虑了职业教育需要边实践边学习的特点，同时，"学分银行"为贫困学生半工半读创造了条件，为在职人员"间歇性"学习提供了便利。学生可以半工半读，工学交替，学完一门功课，可将拿到的学分存入"银行"，工作几年回来后可以继续学习，学完一门算一门学分，已经修过的课程可以直接承认，不必重修，累积到规定学分总数后即可"支取"相应学历。因此，要把学生在教育计划之外的某些努力结果折合成有效学分，实现"学分通兑"。

有人担心，在我国实施学分制或"学分银行"制度条件不具备，原因是资源不足。其实不然，"学分银行"制度至少可以从三个方面提高教育资源的利用效率，第一，由于学生的自主选择权增加，学生的学习积极性得到充分调动，增强了教与学之间的双向互动，教学效率的提高不言而喻；第二，各学校之间，各类教育机构的学分互认，降低重复设课、开课、考试的几率，节约时间成本，节省教学资源；第三，学分认定，引发社会力量、行业和企业等参与教育事业，激发学习者自学，将丰富教育资源。笔者坚信，像银行的出现极大地提高了经济活动的效率一样，"学分银行"制度的实施将大大提高教育教学的效率。当然，"学分银行"制度也将使得教育系统内那些质量、效率低下的"落后产能"或被迫升级，或遭到淘汰，何乐而不为？

3. 通市场网，建立交桥

"学分银行"将推进学习型社会的建设，促进教育公平，促成教育"市场"开放。"学分银行"制度会导致生源多元化（全日制、非全日制；应届生，在校生，在职生；一线工人、农民和各类从业人员；青年、中年或老年人；由团体组织参加或个人自主参加等）与学制的多元化（全日制、非全日制；夜大、函授，网络、周末或自学；学历、套餐或个别科目等）。在扩大学习机会的基础上，学分银行制连接了多样的教育体制，激起人们的学习欲望，为具有学习能力并渴望实现自己理想的任何社会成员提供终生修业与获取文凭的机会。

"学分银行"的构建能实现不同层次的教育（中等职业教育、高等职业教育、本科和研究生教育中的职业能力培养方面）、各种教育形式之间的教学资源共享，各级别"学分银行"之间学分的通兑，建立学历教育与非学历教育之间沟通的平台，使各类教育沟通衔接。也可整合学校、人力资源开发机构、社区和企业的教育资源，逐步建立终身教育学分积累与转换制度，实现不同类型成果的互认和衔接。其条件是科学的人才观，改学历崇拜为学问崇拜的社会风气，完善的人力资源评价政策制度体系和有效的学分管理技术。

二、"学分银行"制度的现实意义

《国务院关于加快发展现代职业教育的决定》提出的目标任务是："到2020年，形成适应发展需求、产教深度融合、中职高职衔接、职业教育与普通教育相互沟通，体现终身教育理念，具有中国特色、世界水平的现代职业教育体系。"学分银行制度的建立有利于职业教育"适应发展需求"，以实现就业为基础，将个人以能力和学历为标识的需求与社会发展中劳动和创造的需求较好地统一起来；有利于促进"产教深度融合"，在企业与职业学校之间起到纽带作用，解决学习者在学生和学徒"双元"角色中的偏重选择问题；有利于"中职高职衔接"，让职业能力训练和实践项目成果等学分跨越教育层次得以通用，减少学分的损失，提高人才培养的效率；有利于"职业教育与普通教育相互沟通"，把人们取得的各种学习成果变成接受职业教育的条件，让人们在有学习能力的任何阶段都有进入或转入职业教育的机会。

1. 适应发展需求

职业教育要"服务经济社会发展和人的全面发展"，宏而观之，这两种需要是一致的，但当需要转化为需求时，二者会产生一定距离。就个人需求而言，更看重自身价值的标识：学历（受尊重、"好"岗位、优待遇等）；而就社会需求而言，更看重社会价值的实质：能力（知识、技能以至于延伸出的价值观等）。职业教育能够并必须找到这两种需求的契合点，这就是以能力为本位，以就业为导向的原则。学分即是体现这一原则的有效工具。这就要将"做事""操作"作为刚性指标，标准化、目标化、项目化、梯次化，突出"职业道德""职场意识""动手能力"，甚至"工作经验"在学分积累，以至于资格认定和学历授予中的地位。第一，强化专业技能考核的权威性，建立将实际应用成果作为学分的认定制度，学业成绩在"技术"中检验，技术在"生产力"中检验；第二，提取职业技能要素，制定职业能力标准，建立标准化的培训制度，技能训练项目与考核，劳动者无论从哪一学历层次或工作经历进入或转入某一工作岗位者，必经标准化的培训和考核，打破高分低能魔咒；第三，随着技术变革的速率加快，包括技术标准，质量要求，工艺路线，生产设备甚至生产方式都发生着持续变化，要加快新技能、新技术进入学分积累系统的速率，并提高其学分值。

2. 产教深度融合

职业教育是一个开放系统，目标是建立政府主导、行业指导、企业参与的职业教育有效办学机制。政府依靠政策牵引、行政支持、就业准入制度发挥其"主导"作用；行业行使职业教育质量评价、职业学校资质考核、职业技术类学分认定、职业资格证书发放等"指导"职能。通过上述"主导"和"指导"，引导和激励企业努力提高对于教育目标（共性的和独到的）、专业建设（理念层面和物质层面）、师资队伍建设（技术人员兼职和培训学校教师）、实习实训（基地建设与过程指导）、学业评价（标准与过程）等全过程的参与度、参与量。企业参与职业教育不仅仅是他们必须履行的社会责任，也是企业赢得爱岗、真学、稳定的核心员工有效途径，更是未来员工获得针对性训练和个性培养的机会。校企双方须是一种"嵌入式"的存在，通过学校——企业"工学交替"，让学生扮演"职业人"角色，亲历劳动之道，创造之乐，岗位之规，有效地为学生提供积极性动因。在企业愿意参与职业教育的前提之下，学分转换机制即可在企业与职业学校之间起到纽带作用，解决企业能够和有效参与职业教育问题。首先，解决企业与学校之间互相监督和相互信任的问题；其次，解决学习者的学生和学徒在"双元"角色中的偏重选择问题；最后，解决教育、行业、劳动等部门各有侧重的能力标准的融合问题。

3. 中职高职衔接

随着先进技术不断产生，产业持续升级，要求劳动者能力的持续升位，有如光机电一体的先进设备，复杂集成的工艺技术，制造技术与信息技术融合，设计与制造过程衔接，对产品质量的精准控制，对环境保护的苛刻要求，对生产安全的严格保障等，使得生产一线岗位工作趋于复杂化和专门化，更迫切地需要与设计师对应的"技术师"，与科学家比肩的"技术家"。因之，许多学习者在已接受过前一层级职业教育之后，需要进入更高一层级的职业教育机构学习，有如中职生直升高职，乃至优秀中职毕业生直接进入职业教育本科体系或应用型普通本科体系培养，还将有取得硕士、博士层次的专业学位的预期。在这样的背景下，学分转换机制显得更加重要，也变得更为复杂，一要认定学业成绩，让职业能力训练和实践项目成果等学分跨越教育层次得以通用，尽力减少学分损失；二要做好课程衔接，对于职业知识课程要找准衔接点，理清承继关系，避免脱节；三要对于职业能力培养，与上一层次相同名称，不同难度的项目要把握提升、加深和拓展的基准点，新增的项目要尽力借助原有项目的要素，以提高训练效率；四要对于科学文化素养课程、基础知识课程学习要量力而行，自主选择，柔性评价，为能力的培养让出空间。

4. 职业教育与普通教育相互沟通

一个优秀的劳动者必然是一个终身学习的劳动者。主要表现在以下几个方面：首先，储备性学习，即基本职业能力习得，在劳动者入职、换岗、改行时所接受的标准化的知识模块和能力基线。其次，补偿性学习，即职业能力提高，在劳动者升职、产业升级、技术转型、设备更新、标准变化、管理模式变革之时，进行更新知识，适应新规的学习。最后，发展性学习，满足自身提升文化品位，丰富知识素养，获取创新能力等需求的学习。这三类学习内容可以是融合的或交替的，可以是平衡的或偏重的，也可以是连续的或间断的。通过学分积累与转换可把不同层次的教育，不同类型教育，学历教育与非学历教育，学习过程与工作过程联通起来，把职业教育的空间延伸到企业、团体、社区、学校，让职业能力成为各类教育中的重要学分资源，促使公众（各类学生和各种人群）更多地得到职业教育文化的熏陶，把人们取得的各种学习成果变成接受职业教育的条件，让人们在有学习能力的任何阶段都有进入或转入职业教育的机会。

三、职业教育学分积累与转换的原理

学分制源于高等教育，至今以学分为纽带在各类教育之间建立"立交桥"，使不同类型，不同地区，不同层级，不同形式教育之间相互贯通，让学习者更自由地、自主地共享学习资源，已成为世界潮流。在职业教育中何种学分可以积累？学分如何转换？其要义是知识点、绩点和"能级"以及它们之间的相互关系。

1. 基于"知识点"计算学分"量"

计算学分的主要依据是"知识点"的数量和类型。学习者掌握了一定数量的知识点即可取得相应的学分，学分积累到一定数量即标志学习者达到一定的学习量，并以此预判其社会贡献力的高低。而一个"知识点"通常包括三方面的要素：即学科内容；与该内容相关的操作技能；以及由该内容引申出的思想、情感及道德价值观念等。这样一个构成就像大海中的冰山，通常是通过对容易检测到的水面之上的学科内容和操作技能部分的测试，来计量学习量，即学分积累。鉴于职业教育的特点，在学分积累中尚有五个独到之处：一是职业教育以学习结果作为学分的主要依据，而非普通教育中的学习时间，学分所包含的内容是应知的（知识），应会的（技能和方案）和理解的（目的与价值）。二是相对于普通教育常常偏重对学科内容的考试，职业教育更偏重对操作技能的测试，给智能结构不同的人群以证明自己、成就事业的机会。三是职业教育人才的标准表述为"文化素质＋职业技能"，在这里职业技能类学分是"刚性"的，必须数量达标、系统完整和标准明确，而文化素质则是"柔性"的，难度分层，科类可选，总量控制。四是通常的学分积累是由"点"到"体"的过程，但当一个学习者已经表现出"体"，"点"的积累即可被取代。学习者的学业成果如竞赛获奖、资格证书等，工作成果如项目、专利、获奖等，即可直接认定学分。如此可以有力地支持"积极推进学历证书和职业资格证书'双证书'制度"；通过"现代学徒制试点，推进校企一体化育人"，"开展职业技能竞赛"等安排。五是，既然学分积累的依据是知识点，而知识点要素中水面以下的"思想、情感及道德价值观念"部分又是难以检测的，弥足珍贵的，如英模、干才、能手所表现的超常业绩，可认定其学分。因此，学分积累也可在落实《决定》中"大力宣传高素质劳动者和技术技能人才的先进事迹和重要贡献，引导全社会确立尊重劳动、尊重知识、尊重技术、尊重创新的观念"发挥作用。

2. 基于"绩点"评价学分"质"

绩点反应学习者对已取得学分所包含的知识点的掌握程度。绩点可用于学习者个体之间学业成绩的比较，也可作为学分转换的依据。在职业教育中，绩点的运用要反映出四个特点：一是对学习者之间比较的功能弱化。与普通教育以选拔为目的，强调考试的区分度不同，职业教育以培养工作能力为目的，强调考试通过率，大多数学习者经过努力都能达成预定目标进而获得通过。二是对关键技能学分的影响强化。鉴于岗位工作对某些技能项目有刚性要求，专业技能类项目从严考核，单记学分，设置最低绩点标准，优遇高绩点取得者。此点在落实《决定》中关于"完善职业院校合格毕业生取得相应职业资格证书的办法"中至为重要，也有利于树立"崇尚一技之长、不唯学历凭能力"的风尚。三是绩点是可变的。学习者在某一时段，通过某一种学习方式取得的学分绩点，可以在另一时段，通过另一学习方式来改变；同时，为适应经济发展、产业升级和技术进步需要，对从业者的知识结构及其评价也会发生变化，动态调整职业教育课程体系，学分绩点的标准也将是动态调整的。四是绩点可以折算。为了保证学习者对学习内容充分的选择权，激发学习者特质、需要或爱好规划自己的人生发展目标，选择成才类型，除了关键技能之外，学习者可以选择课程门类和难度，可以选择取得规定学分高绩点，或低绩点扩充学分量，通过学分总量与绩点高低的折算综合评价学习者的学业成绩。

3. 基于"能级"进行学分转换

在学习者转学、升学、毕业、获得资格证书时，以前在别处已经获得的学分，全部或部分地转换为当前所需的学分，以便减少重复设课、重复开课、重复考试，节约教育资源和学习精力。通过考试或测试，将学习者通过个人天赋、自学或在工作实践所取得的学业成果，直接转换为学分；调动各类机构参与职业教育、培训的积极性，引发社会力量、行业和企业等参与教育事业，贡献学分资源；把学习者在课堂之外通过实训、实践活动、创造发明、竞赛等取得的成果转换成学分。如何让这样一个复杂的系统有序运行起来？陈龙根、陈世瑛借用物理学中"能级"概念，构建了"学分能级论"认为：对课程单体而言，其学分具有能级特性；对以高校毕业最低学分为标准的学分群而言，其能级也有高低。借助"学分能级论"的观点，可以建立起职业教育学分转换的机制：一是同"能级"同"绩点"等值互换。层级资质、质量信誉相当的机构间，学分可以自由流通，全额转换。二是上一"能级"超值转换。具有更高水平，更优质教育能力的高等学校、科研院所、优质企业所提供的学分资源，在转换时可做超学分，或升绩点处理。三是下一"能级"限制性转换。在不同层级，不同类型，不同认知的机构间的学分转换，学分提供者需要接受监督和考核，由于水平信誉和信任等因素，可能导致部分学分无效或失效。通过国家、地区或行业制定学业标准，或通过多边以及校际协议，提高前者的教育质量和后者的信任程度，提高学分转换率。四是"能级"不足的学分被剔除。由于学习者选择课程不当造成知识点不足，或所取得的成绩绩点没有达到要求，学分将无效。藉此，来实现《国务院关于加快发展现代职业教育的决定》所提出的五个对接：即专业设置与产业需求对接，课程内容与职业标准对接，教学过程与生产过程对接，毕业证书与职业资格证书对接，职业教育与终身学习对接，以及"开发与国际先进标准对接的专业标准和课程体系"借以实现"学生互换"。

四、职业教育学分积累与转换的机制

1. 建立基于国家资格框架的学分标准制定机制

学分标准是描述学习者在完成学习过程后，能够了解、理解以及可以实施的某种行为能力，是学习成果进行积累与转换的基准和标尺，并为职业教育及技能培训资源的开发提供依据。从多个国家和欧盟的实践经验中可知，建立国家资格框架制度，是制定学分标准的前提。国家资格框架规定不同级别的资格标准，确立与每一资格标准对应的学习成果要求，而学习成果的呈现形式是学分。

在我国，虽然国家资格框架制度的名称还未出现，但业已存在学历和职业资格两个框架，事实上起着学习成果认定、个人能力判别和就业岗位准入等项功能。但这两个框架各自独立而不兼容，体系不完整，标准不明确，与技术升级速率不匹配等问题，因而稍显效率低、信度低和参与度低。因此，国家资格框架制度的建立不仅有必要性，也有可行性。一是要由政府出面组织，制定统一的资格框架标准，要打破劳动部门和教育部门的壁垒，将原有的职业资格等级和学历教育层级融为一体，体现国家层面的权威性。这一标准须保持原有职业资格标准中，目标明确，刚性可控，层级明确的优势，克服其关注实然多，照顾应然不够；刚性规定强，更新速度慢的缺点；发扬学历教育中重视培养过程，关注发展潜力，注重个性培养的优势，克服其目标不集中，质量控制不严格的缺陷。二是国家资格框架标准须将每个岗位工作的要求转化为学习成果目标，依据该目标所包含的技术复杂性，知识深度和对劳动者特质要求等要素确定资格的级别，形成每一类职业岗位从入职、初级工、中级工、高级工到技术师以致"技术家"的序列。要明确每个等级的学分标准，包括反映该级别学习成果总量的学分总量；该总量中的刚性部分：标识该岗位工作所必需的技术技能学分的"绩点"和"能级"；该总量中的柔性部分：学习者储备的其他知识和技能，开发学习者的个性，储备发展的能量。这一标准将便于普通教育与职业教育，各级各类教育的互换衔接。三是资格框架标准制度建立，要协同各方力量共同完成。《决定》提出"引导和鼓励社会力量参与的政策更加健全"的目标导向，还提出"引导社会力量参与教学过程，共同开发课程和教材等教育资源"的实施策略，可见，"社会力量"包含了"知识""技术"的力量，参与的事务包含着学习成果支持，当然也可以包含学分标准的制定。政府要有效发挥第三方作用，委托专业机构进行前期研究，起草标准草案，以加快进程，提高质量；要引导行业协会主动提出设计本行业的职业岗位资格框架体系和学分标准方案，以"加强行业部门对本部门、本行业职业教育的指导"；要激励企业参与学分标准制定，持续提出修订建议，以便使标准更好地接轨产业实际，照顾岗位差异，产教同步升级，"推动教育教学改革与产业转型升级衔接配套"。

2. 建立基于"学分银行"的学习成果管理机制

以学分为纽带在各类教育之间建立"立交桥"，使不同类型，不同地区，不同层级，不同形式教育之间相互贯通，让学习者更自由地、自主地共享学习资源。为了实施有效的学习成果管理，需要建立科学的学分转换系统，如"学分银行"制度。并由政府授权设立具有权威性的学分管理机构——学分认证中心。

（1）学分积累。学分积累是将学习者已取得的学分进行认定和记录。其主要步骤：一是信息发布。公开资格框架和学分标准，让学习者和教育者方便地获取信息，从而获得平等的相互选择的权利。二是学习指导。对学分标准进行解读，提供关于学习方法、进度、顺序的计划（学校教育）或建议（非正规学习者）。三是学分申报。学习者或教育机构将学习成果呈报给学分管理机构。四是学分认证。学分认证中心对学分进行认证，对于非标准化的学习成果，通过专家委员会的甄别、鉴定予以确认（或否认）。五是学分存储。每一个学习者也即职业劳动者所取得的学分存储到他的学分银行账户内，但不记载学习过程中失败的经历。

（2）学分转换。学分转换是将学习者已取得的学分认定为相应求学、求职资格的依据。学分认证中心进行学分转换的方法有三：一是学分互认。遵循学分标准，依据学分银行账户信息，不同教育形式、不同区域和不同教育机构间的学分，直接全额互认。二是学分折算。在学习者在学分积累中存在某种"缺陷"时，可以"优质"学分（如以发明创造、专业学科竞赛获奖等）或更多的学习量（标准之外，但能证明其学习或工作能力）补偿，以保护"偏才"和"怪才"。三是学分补偿。由于职业能力学分的刚性要求，在学习者从同级别同专业的学术型转向应用型，或从其他专业转入（即使是已接受了高级级别教育再参加下一级别职业教育）时，其原来获得的学分只能部分转入新的专业和类型。

（3）学习成果评价。学习者的学分累积到国家资格框架规定数量，即可为学习者颁授相应的学历或资格证书。同时，学分银行账户还记载了学习者以学分数表达学习的量，绩点表达学业成绩的"质"。变学分的"限额"积累为

"超额"积累，鼓励学习者在既定标准之外获得更多学分。用加权学分绩点方法可综合评价学生学习的量和质，并激励学习者追求卓越（更多，更高），个性发展（取得学分的课程门类和修读方式），多样成才（集中精力获得高绩点的专深型，或广泛涉猎取得拓展学分的广博型）。

3. 建立基于"公平互信"的学习成果质量保障机制

学分银行制度的实施，保障公平、公正、真实、可信是前提。要把教育者和学习者的诚信作为"生死"标准，使得身份认证、考试成绩、学习经历、证书获取、成果质量等都得到有效的监督、控制和审计。首先，要完善契约管理。教育机构之间，或与行业组织或企业之间，建立互相监督基础上的相互信任，签订双边或多边学分互认协议，实现课程对接，学分互认。其次，要有独立的评价机制。由政府或行业委托第三方对教育机构的资质进行评估，对教育质量进行审计，为学习者提供选择参考，为学分管理机构学分认证工作提供依据。再次，要保证有效的监督。建立学习者、教育机构和学分管理机构的信誉承诺制度，承担义务，政府、行业和教育机构要层层履行监管职能，明确违背信誉的罚则，执行惩戒。最后，赋予学习者申诉权利。设立透明的申诉流程，成立学分管理仲裁机构，学习者对教育机构所提供的教育，或对学分积累、转换，或对学习成果认定有异议，可提出申诉，要求仲裁。

综上所述，建立学分银行制度，推进学习成果互认衔接，其必要性在于，它是教育改革的关键课题，是教育现代化的控制因子；其紧迫性在于，它是职业教育发展的制约因素，是职业教育管理的现实任务；而其艰巨性在于，它需要观念更新，需要机制创新，需要多部门协同。

（本节主笔：董存田，协助：董晓英，徐媛媛）

本章小结

职业教育与经济社会发展、与国计民生关系最为紧密，肩负着服务经济结构调整、发展方式转变、产业优化升级的历史使命。职业教育专业结构与产业发展的匹配度、灵敏度、超前度，对区域主导产业的发展至关重要。

产教融合的方式是校企结合，它使受教育者增强学习动机，教育者贴近实际，用人者获得优质人力资源。这要求企业必须从观察者、评论者、抱怨者的角色转换为参与者、贡献者的角色。

农村职业教育在办学目标定位、办学经费、教育能力、办学模式、科研服务能力等方面存在不足，这势必影响到农村职业教育培养新型农民的能力，城市职教在城乡统筹中居于优势地位，也必须承担更大的责任。

正在试点的中职与高职，中职与本科分段培养的试点，是实现有效"中职高职衔接"的一种积极尝试。试图冲破应试教育的壁垒，增强职业教育获得优秀生源的主动权，统筹制定对口专业理论知识课程和技能训练课程衔接贯通教学体系，提高人才培养的效率。

"学分银行"是学分制的一种实现形式，可大大提高教育教学的效率，构建人才成长"立交桥"。基于"知识点"计算学分"量"，坚持技能类学分的"刚性"，支持文化素质类学分的"柔性"；基于"绩点"评价学分"质"，强化关键技能学分的影响；基于"能级"在不同层级，不同类型，不同归属的机构间，实现"双证"融通。

第五章

地方政府职业教育领导力调查研究

为了全面了解地方政府职业教育领导力的现状，作者先后向 17 种对象 3241 人进行了问卷调查，书面访谈 744 人，并辅以个别访谈和座谈研讨等方式进行了调查研究。从而，得以对地方政府职业教育领导力的优势和劣势做出评价，职业教育能力在不同地区的显现进行分析，就职业教育相关方中不同成分的认识差异进行了研究。

第一节　江苏省地方政府职业教育领导力现状的评述

以"地方政府职业教育领导力评价模型"为工具，面向江苏省中等职业学校（各学校校长、主管业务的副校长和专业骨干教师各一人）、市级教育局（局长、主管职教副局长、职教处长各一人）和所有县（区、市）级教育局（局长、主管职教副局长、职教科长各一人）进行了问卷调查和书面访谈，分别征询他们对其当地地方政府职业教育领导力的分项评分并举证评价；对具有区域代表性的地方政府领导者及被领导对象进行了个别访谈；举办了职校校长和骨干教师专题研讨会。

一、关于"决策力"的调查分析

1. 战略意识

数据（依据问卷调查中被调查者评分统计，5"很好"，4"好"，3"一般"，2"不太好"，1"不好"，以下同）：

从图 5-1 打分结果看，对于地方政府职业教育领导者的战略意识，与市级教育局，县级教育局相比，学校被访者的总体评价较低。

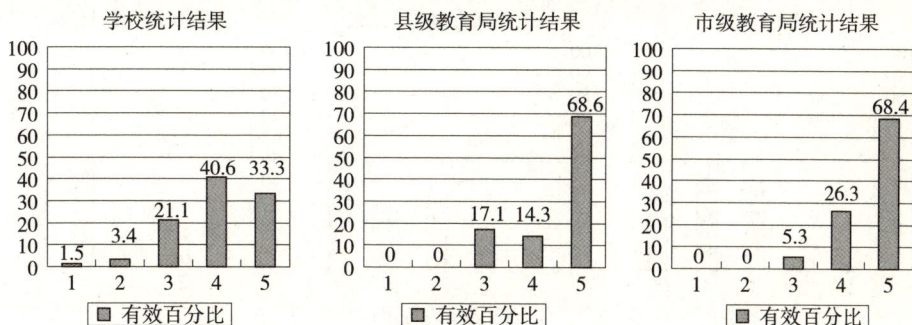

图 5-1　江苏省地方政府职业教育领导力"战略意识"得到的评价

正例（依据访谈及座谈会整理，以下同）：江苏各地方政府均能将职教纳入国民经济和社会发展规划，尤其是在"十二五"规划中更加重视，对职业教育的战略地位认识越来越提高。如，淮安区教育局胡局长介绍"将职业教育纳入区'十二五'规划，被批准为省第一批职教发展实验区。"海安县教育局介绍"海安县政府提出'举全县之力量'创建海安职业教育创新改革发展示范区，创建国家中等职业教育改革发展示范校。根据生源变化、区域经济发展态势，及时整合资源，调整职教布局，形成'一主一辅一特'（海安职教中心；海安双楼中专；打造社会力量办职教的特色品牌）。"张家港市正在进行新一轮职业教育布局调整：新建高职园，进行专业调整和开展国际交流合作。太仓依托"德企之乡"优势，建成"中德企业合作基地""中德中小企业合作示范区"，形成中、高职协调发展新格局。沭阳则"关停并转"一些办学能力较弱学校。

反例（依据访谈及座谈会整理，以下同）：一位教师认为有"对职业教育不重视，任其自生自灭"现象。一位校长指出，不注意职业教育"类"的特殊性，往往把它作为教育的"副业"。有教师说"普教比例不协调，普高与职高招生比为2∶1，甚至更高，不符合国家规定"。

评述：从调查中发现，从整体上讲，江苏地方行政领导者尤其是各级教育主管部门对发展职业教育有强烈的机遇意识、前瞻意识、全局意识、民主意识、危机预警意识和可持续发展意识。各地不仅将职业教育纳入地方社会经济发展总体规划之中，并根据本地实际做出优先大力发展职业教育的安排。

2. 情势判断

数据：

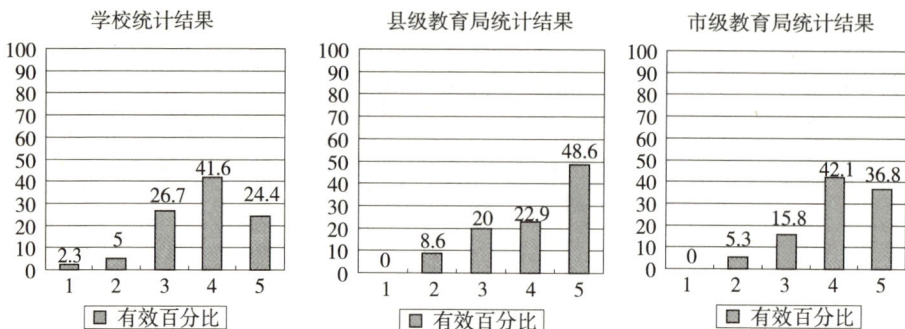

| 学校统计结果 | 县级教育局统计结果 | 市级教育局统计结果 |

图5-2 江苏省地方政府职业教育领导力"情势判断"得到的评价

从图5-2可以看到，多数被访者肯定地方政府职业教育领导者情势判断的能力，但在三类评分者中都有少量给出"不太好"的评价，并有相当部分给出"一般"的评价。

正例：江苏多个市重视专业结构与产业结构吻合度调研，及时调整专业结构，如张家港市教育局每年都开展走访企业活动，发放问卷，了解实习生和毕业生需要和用工建议。针对企业"用工难"问题，江苏多地采取与中西部合作方式，为学生提供免学费，加补贴，推荐就业等优惠，如海安县教育局介绍：为加快职业技术教育和经济的发展我县制定实施了"525"人才培养和引进计划，大力创新校企合作人才培养机制，实行"招才引智生""招生引劳"的"双招双引"以及校企产学研结合等策略，促进职教的发展。张家港市采用与中西部学校"2+1"办学形式，订单培养，为用人单位引进技能型人才。

反例：部分被调查者认为："信息不够通畅，领导不能真正了解基层信息"；"改革力度太小，雷声大，雨点小，计划多执行少"。有教师指出："县级领导很少来校关注学校的发展情况，教师绩效工资始终不能实行"。有许多受访者反映职业教育招生难的问题，有说"对职校的招生没有果断的决策"，有说"职校招生都要自主招生"实际难以做到。部分受访者认为生源危机造成招生质量下降，造成"来者都是客"的情况，提出职业教育的招生就业均需向多元化、制度化发展。

评述：各地地方领导者都关注毕业生就业、适应岗位要求和发展情况的问题，用心研判当地职业教育发展与经济社会发展形势。但还要注意养成深入实际习惯，重视现场考察，了解一线教育工作者、学生和毕业生对职业教育政策、行为和效果的真实看法，并系统持续地采用调查、统计、分析手段，明晰本区域职业教育发展的真相和规律，以便做出更加精确的判断，并赢得职教一线教师的理解。

3. 规划制定

数据：

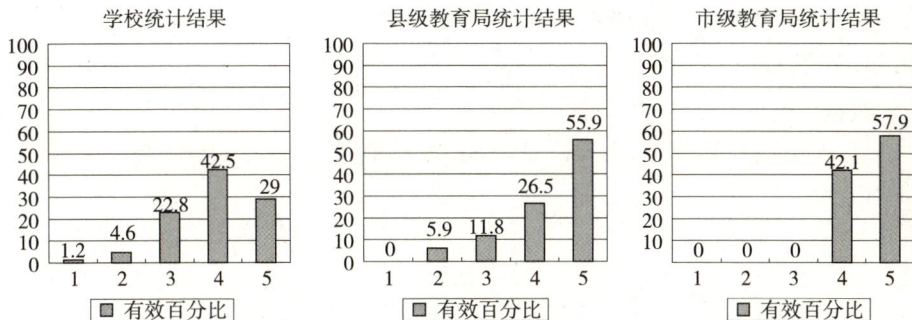

图5-3　江苏省地方政府职业教育领导力"规划制定"得到的评价

从图5-3打分结果看，对于规划制定，市级教育局评价很高，而县级教育局和学校被访者的与之"分歧"较大。

正例：多位被访者列举了各地方职业教育发展规划的亮点，认为地方政府职业教育领导者决策"比较前卫，发展有魄力"。在这一指标上，职位越高，提及越多，叙述的越详细。如高邮市政府鼓励职业教育依据地方产业特点，加强数控、服装、旅游、电光源专业建设，日前职业学校正加快专业布局调整，基本形成了与我市产业格局相适应的现代化专业群，基本满足了区域经济和产业对技能型人才需求。但也有一位教师介绍："我校基础建设在全省职业学校是位列前茅的；创省内前茅，国内有名，群众满意。"经高邮市委市政府统筹规划，2009年8月，高邮市沙堰职业高级中学并入高邮职教中心，职教优质资源得以更充分利用。

反例：但对此相反意见也很多，某校长所说"重规划制定，轻规划落实"（某校长语）是许多被访者的感触。一县局副局长和同局一科长在分别接受访谈时反映"有相应文件，制定了相应配套办法，但保障制度不够明确，落实不到位"，而该局的局长在该项给出的评分也是"一般"。一位教师反映"县城的初中毕业生严重外流，县内三家职教招生不能集中教学资源，难以抵抗外界竞争"。还有说"城乡发展欠平衡，职校在县城，对外省招生较多，对外劳务较多，乡村几乎接受不到职业教育"。有一教师反映"同一县城的能有两三个职校，对外无竞争力"。

评述：从调查看出，各地的地方政府职业教育领导者都很重视职业教育发展规划的制定，并围绕规划实施，制定有相配套衔接的政策法规和实施办法。但其差别在于是否符合本地区实际，是否体现职业教育特点。不能把发展规划仅仅看成是一份文件，要做到指导思想明确，有目标、重点和措施，具有较强的预见性和可行性，并能够落实。

4. 决策机制

数据：

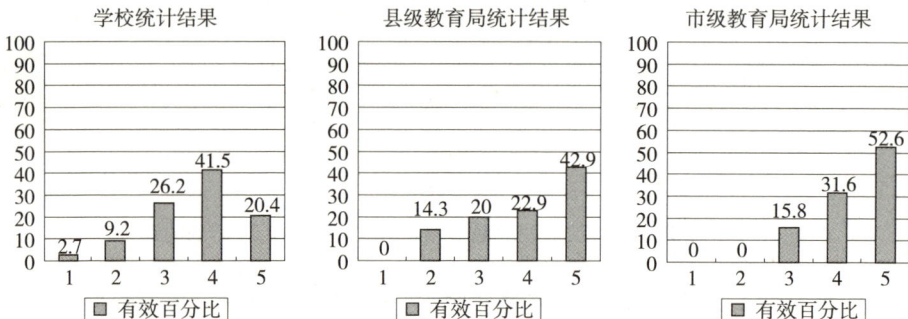

图 5-4 江苏省地方政府职业教育领导力"决策成效"得到的评价

无论学校、县教育局、市教育局在此项评分中均有所保留（市局 15.8% 认为"一般"，县局 20% 认为"一般"，还有 14.5% 认为"不太好"，学校评价更低些）。

正例：受访者反映，各地的决策系统比较健全，注意加强职业教育决策领导集体建设，建立决策机构，教育局一般设有职业教育和社会教育管理处；建有职业教育决策咨询系统，如成立行业协会加强职业教育办学和专业建设的指导；有的地方政府推动建立企业家协会，加强校企合作；形成政府部门联席议事制度，研究解决职教重大问题如：职业教育设置与调整、资源布局、招生与就业等。

反例：也有受访者反映有"拍脑门决策，顺着上级验收、评比而规划，不为实际""向上表政绩"的现象。

评述：可以看出江苏各地注重加强决策领导集体建设，决策机构健全。基本保证了职业教育重大事项（如：机构的设置与调整、领导干部任免，资源布局、教育教学改革、招生与就业等）决策的有效性。但对于决策咨询系统，如：专家咨询论证、公众参与、现代技术及科学方法的运用等还不平衡，职业教育决策中科学性、民主性、合理性还有很大的提升空间。

二、关于"执行力"的调查分析

1. 依法行政

数据：

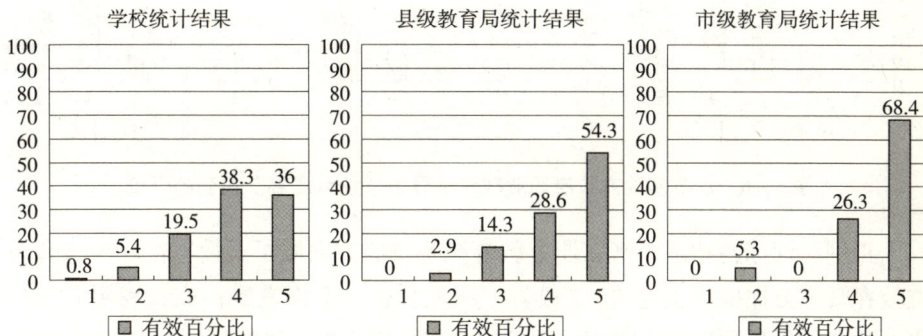

图 5-5　江苏省地方政府职业教育领导力"依法行政"得到的评价

从图 5-5 可以看到，大多数被访者肯定领导者依法行政的作风，但在三类评分者中都有少量给出"不太好"的评价。

正例：绝大多数被访者对此项持肯定态度，认为地方政府坚决执行国家教育方针和职业教育法规，能对各类职业培训机构办学行为进行监察和监督。但也有被访者有保留的肯定，有教师说："市级领导对职业教能依法办事，有专门职业教育行政、业务管理体系，而县级除了教师工资承担，其他一般不管"，有说："尚能够依法行政，遵守职业教育条例，除了钱的问题"，还有说："尚没有触碰法律法规，普高与职高的比例基本一比一"。部分被调查者认为："管理者坚持依法行政，不求有功但求无过"。

评述：调查表明，各地方领导者贯彻党和国家的教育方针和职业教育法规，结合本地区实际，依法行政，制定有针对性的职业教育具体实施制度和办法，依法规范监督职业院校和各类职业培训机构的办学行为。应该注意的是那些持保留态度的肯定背后的潜台词说明职业教育领导者在全面落实国家财政、劳动、经济等政策法规，合理配置教育资源等方面，还有很多工作要做。

2. 统筹发展

数据：

图 5-6 表明，在多数被访者对统筹发展持肯定态度的同时，三类被访者都有持保留态度者，甚至有否定态度者（教师"不太好"和"不好"9.3%，

县局 "不太好" 5.1%)。

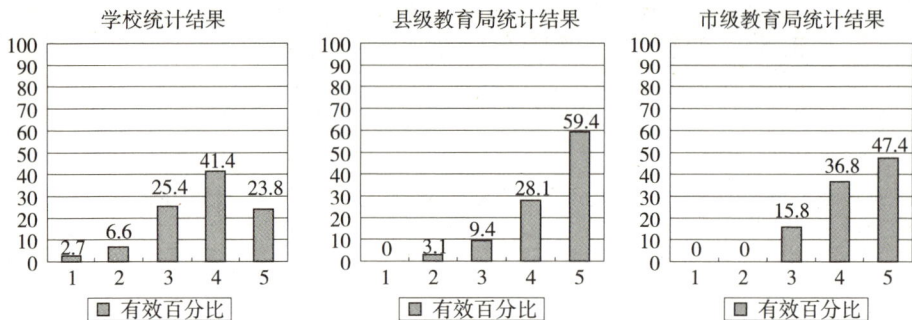

学校统计结果	县级教育局统计结果	市级教育局统计结果

图表数据：

学校统计结果：1: 2.7，2: 6.6，3: 25.4，4: 41.4，5: 23.8（有效百分比）

县级教育局统计结果：1: 0，2: 3.1，3: 9.4，4: 28.1，5: 59.4（有效百分比）

市级教育局统计结果：1: 0，2: 0，3: 15.8，4: 36.8，5: 47.4（有效百分比）

图 5 – 6　江苏省地方政府职业教育领导力 "统筹发展" 得到的评价

正例：江苏各地近年来在职业教育统筹发展方面做了大量工作。在整合各类教育资源方面取得了经验，"成教、职教合作，全面发展；成教利用职教师资、设备对外培训" 受到称道，如淮安市淮安区教育局胡局长介绍 "将职业教育与电大合并，促进了成人教育发展"；张家港市启动 10000 名在职职工学历加技能双提升工程。区域内外职业教育资源方面，与中西部的合作形成了制度；海安县为缓解地区劳动力用工不足的缺口的问题。鼓励职业学校中西部合作办学，与云南宁蒗、贵州独山合作招生，在海安办学，引进劳动力；太仓、张家港则由政府牵头企事业单位与学校共同参与跨区招生实行订单式培养。姜堰中等专业学校高文章校长看到这样的趋势："在吸引中西部生源方面，尽管我们地方政府给中、西部学生待遇与本地相同，但对方合作学校的态度不再积极，他们也在努力保护生源留在当地就学、就业。我们在区域统筹中必须做出更大的努力。" 许多受访教师也肯定了 "进行区域合作，跨省招生培训"。中、高职衔接的教育在积极探索：海安在政府的推动下两所四星级职校参与 "中高职贯通" 项目，促进中职和高职，普通教育和成人教育的衔接和沟通。太仓教育局周局长介绍：为了适应经济转型升级，试行中、高职学籍互通，一体化办学，在模具、电子专业开办 "3 + 2" 试点班；张家港开建高职园区。

反例：有被调查者认为毕业生就业是职业发展的关键环节，地方行政领导者能科学分析职业学校毕业生毕业流向，进而制订合理的就业政策，但统筹城乡教育资源，做好中高职的衔接和沟通方面做得一般。一教师认为仍存在 "较重视普高，轻视职教" 现象，一教师反映 "对职业教育服务城乡未落到实处"。一教师如是说："各类教育各自为政，不具全局性，职业教育始终处于各类教育的末端"。一校长呼吁：强化对行业办学的支持和指导，主要是物质帮助和选择优秀生源的保障（事实是一些地方出台政策是为国办校"保生源"和"防外流"，而限制和阻碍社会力量办学）。

评述：各地在科学分析职业学校毕业生就业流向，区分"输出""就地""引入"和"双向"等主要服务目标的基础上，实施了合理的、有针对性的招生、就业政策。在统筹城乡、区域内外职业教育资源，促进中职和高职，普通教育和成人教育的衔接和沟通方面取得了进展，但不同地区还不平衡，统筹的效能还需提高。

3. 协调控制

数据：

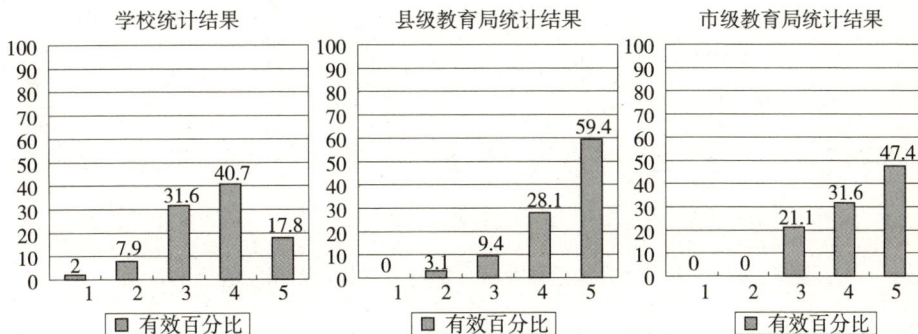

图 5-7　江苏省地方政府职业教育领导力"协调控制"得到的评价

图 5-7 表明，在多数被访者对协调控制持肯定态度的同时，三类被访者都有持保留态度者，甚至有持否定态度者（教师"不太好"和"不好"9.9%，县局"不太好"5.1%）。

正例：各地都建立了职业教育工作联席会议制度，教育主管部门牵头，发展改革、经贸、财政、农业、人事、劳动与社会保障等部门参与。有被访者说：当地职业教育与经济的结合，跨部门统筹效果好，"职教推动了周边企业发展，校周围企业逐步增多"。海安职教中心校长吴如林介绍：该县教育局"设立县长局长校长政务电子邮箱、建立网上家长学校电子交互交流平台，监控分析本地区职业教育舆情，倾听社会、企业、职业学校、学生和家长的反映和建议，及时形成预警方案，调整职业教育发展目标"，如在职校的专业设置上，满足了"建筑之乡""茧丝绸之乡""纺织之乡"和新兴的 IT 产业生产基地的需要。太仓市依托政府各职能部门、行业协会和骨干企业建立"太仓市校企联盟"，提高人才培养的针对性和实效性。

反例：但也有被访者认为除了教育部门，"其他部门的参与只是个形式"

"学校就像一个独立的单位，只受市级控制，谈不上统筹协调"。

评述：在充分发挥了政府的决策、保障功能的同时，还要充分发挥政府协调功能，健全责权明确、统筹协调的教育管理体制，及时解决职业教育与培训中的主要困难和问题。尤其是要强调除政府之外的行业指导、企业参与的力度，支持引导社会力量办学、助学，还要注意保护学校自主办学的机制。

4. 执行效率

数据：

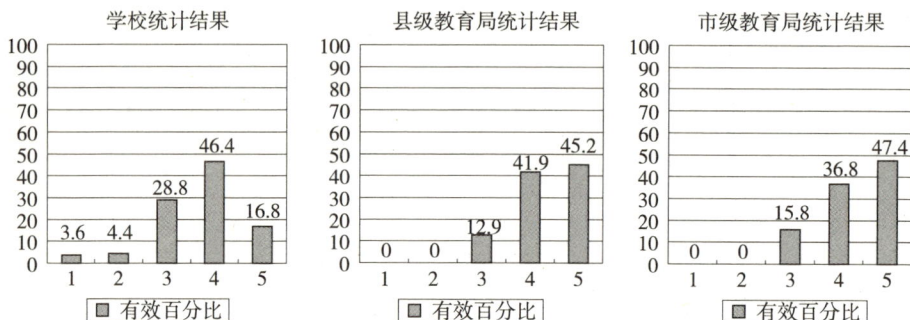

图 5 - 8　江苏省地方政府职业教育领导力"执行效率"得到的评价

图 5 - 8 表明，在多数被访者对执行效率持肯定态度的同时，三类被访者都有持保留态度者，学校有持否定态度者（"不太好"和"不好"10%）。

正例：各地能适应区域社会经济发展和职业教育实际需要，正确决策职业教育改革与发展的重大事项，并督导执行。近年来，各地在学校建制调整、新校区建设、示范校及品牌专业等建设、学生技能竞赛和招生政策调整方面表现出了较高的执行效率。如高邮市加快发展社区教育，社区教育覆盖率达80%以上。近年来，培训1.2万农村新增和剩余劳动力及1000名农村致富带头人，农村从业人员的年培训率达35%；培训下岗失业人员5000人次，培训后再就业率达到50%以上。

反例：也有教师反映一种现象"上级催就速办，下级催就拖拉"。

评述：尚需建立健全多元政府绩效评估机制和科学规范的评估制度。进一步树立良好的服务形象，做到行政程序规范，操作严谨有序，并大力提高公共服务社会化程度。

三、关于"保障力"的调查分析

1. 人力资源

数据：

学校统计结果	县级教育局统计结果	市级教育局统计结果

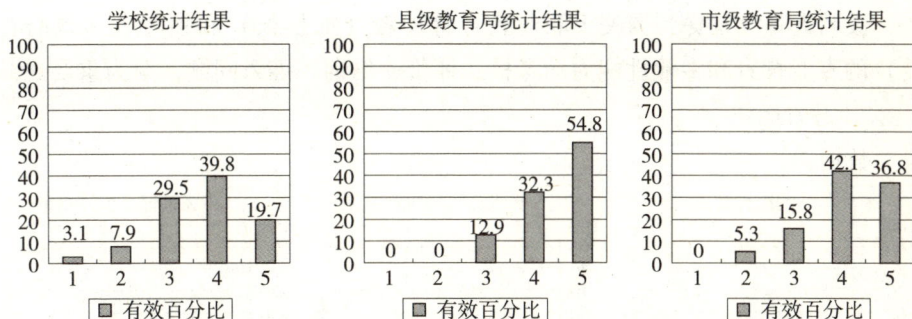

图5-9　江苏省地方政府职业教育领导力"人力资源"得到的评价

图5-9表明，在人力资源这一指标上，学校被访者持保留意见（"一般"29.5%）和负面意见（"不太好"和"不好"13%）较多。

正例：各地在职业学校师资队伍的建设中下了一定功夫，如普遍提高了准入标准，选送教师参加"素质提升计划""四新培训"以至出国进修等，颇有成效。海安县建立了较为完善职教师资准入、退出、激励和培养培训等管理制度：建有职教师资准入"七个必考"制度，建有职教名师评选、"名师工作室"考评制度、职业技能培训就业指导教师下厂（场）锻炼制度等。有多位被调查教师认同："鼓励教师参加各类培训，省级国家级培训"。有被调查者指出每年学校会公开招聘教师并进行师资培训，上下统一标准，但是没有淘汰机制。张家港市教育局每年暑期组织教师下企业实践，在招聘教师时看重技能水平和企业经历。

反例：关于教师引进问题某艺术学校校长认为：省、市事业单位进人制度有缺陷，造成"引进外国人还可以，引进国内人才难"。有教师反映"在人才资源开发方面欠缺，对于职业学校引进高科技企业人才为实习教师无法落实"。关于教师考核问题有校长反映"没有退出机制，不利于调动积极性"。关于教师待遇问题有教师认为："教师工资待遇太低，绩效工资一直没有实施，市财政只知道克扣教师工资，不问教师收入"。还有说："绩效工资越绩越少，与公务员差距越来越大"。

评述：从上述结果中我们看到，目前主要问题是学校缺乏选人权和用人权。在职教师资准入中，要建立职业教育个性评价标准和专业化考评办法，推动企业和职业院校的人员交流互换，避免唯学历论和事业、企业壁垒，确保每个学校师资的根据个性需要而非一般概念上的数量、结构和质量。绩效工资实施中，如何保障学校在教师的退出、激励中应有地位和权威，是一个严峻课题。被调查者没有提到的关于职业教育管理者（如校长）和领导者（政府官员）的专业背景和专业性能力的考核、评价、培训、准入问题，至为重要。

2. 财力运作

数据：

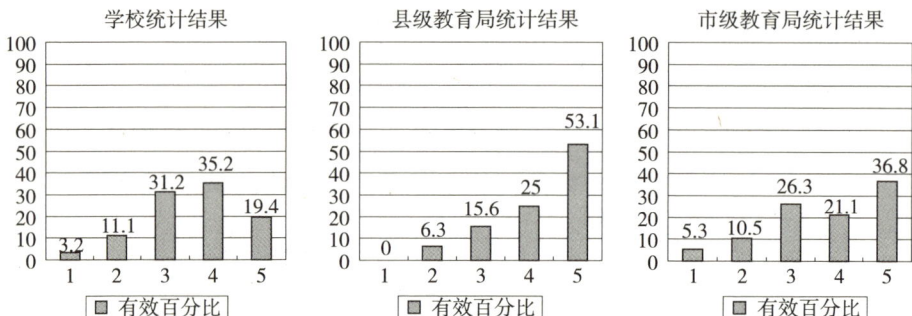

图 5-10　江苏省地方政府职业教育领导力"财力运作"得到的评价

从打分看，无论是市级教育局、县级教育局和学校，同类被访者的"分歧"较大，在三类中都有些给出"不太好"的评价。

正例：与全国情况相比，在政府的财力投入方面，江苏各地普遍做得较好，在保证教育费附加用于职业教育，保持合理比例；确保企业足额提取教育培训经费等方面能得到落实。同时，各地政府还积极争取各级、各类职业教育专项、建设试点、研究课题、合作共建、发展援助和优秀成果奖励等资金，拓展经费来源。如太仓市逐步实行中等职业教育免费制度，生均公共事业经费4200元，高于省标准，并安排各类专项经费和配套经费。张家港市在正常经费之外，给予"2+1"学生每年700元专项补助，给外来工子女奖、助学金，每年48万元，另设外聘教师、技能竞赛专项补助。射阳县"十二五"期间地方教育费不低于30%用于职业教育（而此前教育附加一直没有用于职业教育），积极争取职业教育专项，拓展经费来源，该县教育局成立了"贫困学生资助管理中心"，加大资助力度，规范资助行为。

反例：一是投入少，一县局副局长评述：对职教"认识不到位，相关经费保障不到位"。一校长说："近几年进的新教师比较少，生源人数逐渐减少，地方政府对学校的投入基本为零。"一教师甚至说，本地"几乎没有投入，仅靠旧的设备维持日常教育训练，没有任何财源收入，无联办企业，在苏北几乎都如此"。还有一副校长说"某区的政府每年从学校提取450万，严重阻碍学校发展"。二是投入不均，有教师反映："政府投入不均衡，职教与普教差别过大，本来前者可以支持经济社会，后者却制约了前者"。"一些相对来说发展较弱职校会受到歧视。"一来自苏南发达县的中专校长也说："基本无地方政府给予的专项经费"。一位校长指出："县办高职院，对中等职业教育和其他教育冲击很大，种了外人田，荒了自家地"。三是资金到位不及时，"职业教育的经费拨款不及时"是一种常有的现象。

评述：此项中政府力度很大，但负面意见较多，这其中固然有"用钱者总不会嫌多"的因素，但反映出各地投入的不平衡，资金来源单一和资金使用效率有待提高的问题。要进一步有效激励行业、企业及社会力量举办职业教育，资助职业教育。要防止"基建狂热"和"升格冲动"，把钱更多地用于提高人才培养质量上来。

3. 条件建设

数据：

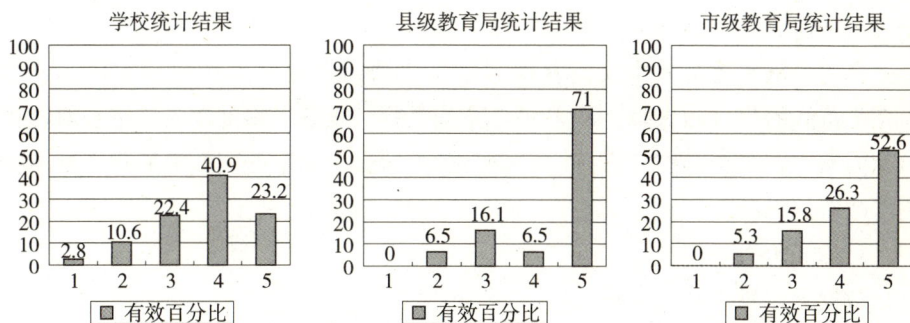

图 5-11 江苏省地方政府职业教育领导力"条件建设"得到的评价

从图 5-11 调查结果看，在三类被访者中，学校认为"很好"（25.2%），比起市（52.6%）、县（71%）少得多，"好"和"很好"之和（学校66.1%，县局77.5%，市局79.4%）三者之间也有差距，三类被访者都有些给出"不太好"的评价。

正例：各地对职业学校在土地、校舍、信息化基础设施建设等方面有些大手笔。在推进校企合作、工学结合，支持学校在企业建立实践的基地中有新举措。并努力创建校园及周边的安全环境。如淮安市淮安区教育局胡局长介绍"投资 3 亿元，征地 300 亩，将职业教育中心异地重建"。高邮也有"2007 年开始积极推行"三校联动"，职教中心东迁战略，纳入高邮市委市政府年度十大工程之一，投入 1.7 个亿，2009 年建成江苏省高邮职业教育中心校新校园"之壮举。太仓市不仅投入 9 亿建高职园区，3.12 亿元建太仓中专港城校园，还投入 1700 万元建服务外包中心。有受访教师称道"校企合作发展广泛，与成教密切合作"，"能在校园土地使用方面提供方便"。张家港市教育局每年召开两次校企洽谈会，职业学校都有稳定的合作企业，85% 的班级为订单式培养。射阳县积极推进企业入校，有企业把车间设在学校。

反例：也有一些被调查者觉得学校未能利用好校内外资源，导致了产学研脱节。一教师反映："通向学校的交通道路向政府部门多次反映，但仍无解决资金"。一教师说：他们学校"学校地理位置极不符合职业学校发展，远离工业区"。有受访者反映软件投入少，指出"硬件投入相对软件投入多得多"。一校长说"市财政只对学校的硬件设施有投入；学校的专业建设所需资金学校自行解决；县级财力投入除教师工资外，其他财力困难。"，"设备投入不足，资金少，运转困难"这不在少数。被访者提出一些职业学校校企合作项目较多，但是设备设施投入由领导者说了算，学生安排由学校说了算，两者无任何联系。

评述：从上述结果中我们发现，比起"项目"来，学校更看重的是经费的充足持续的投入和保障；从人才培养需要看，设备、物资投入是更加直接的影响因素；在校企合作中，在调动企业在产学合作和服务职教中的积极性方面还需政府的推动。

4. 文化环境

数据：

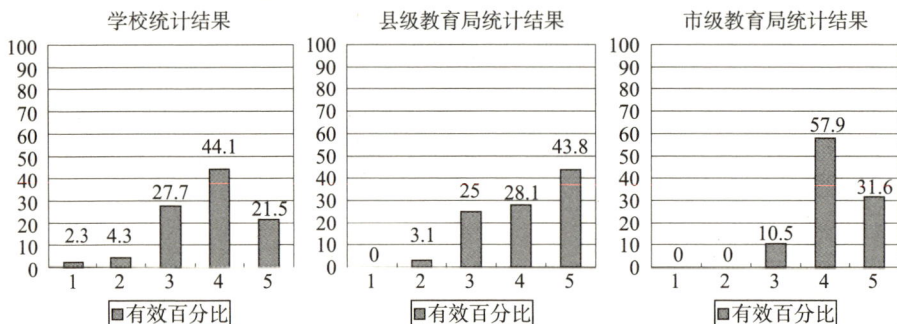

图 5－12　江苏省地方政府职业教育领导力"文化保障"得到的评价

从图 5－12，在对文化保障的看法上，存在越向下评价越低的趋势。

正例：对职业教育的文化保障，各地越来越重视，并纷纷采取了一些行动。如淮安市淮安区教育局张副局长介绍"相关部门加大对职业教育、技能型人才，尤其是具有突出贡献的高技能人才的宣传力度，努力形成全社会重视职教的良好氛围"。宝应县教育局慕局长介绍了该县每年"技能节、创新节，学生在全国获奖和取得专利，激发了人们学习技能的热情"。射阳县教育局、人社局每年举办技能型人才千人大练兵活动，优胜者颁发"五一"劳动奖章。高邮市教育局每年召开职业教育专题会议和职业学校招生会议，职业学校每学期开展"家长一日访校"活动，充分利用地方媒体广泛宣传职业教育及其办学成果，每年举办职业学校师生技能大比武活动月和师生创新大赛活动。高邮市人民政府在 2012 年高邮市"五·一国际劳动节"表彰大会上表彰了高邮中专陈永清老师、范昌权老师（该校 05 级优秀毕业生、兼职教师）、97 届毕业生杨立铭同学，三名师生同时被高邮市人民政府表彰为市第三批"十佳技术能手"称号。学校邀请地方知名企业家、行业专家、优秀毕业生到校为在校生开展就业创业事迹与知识讲座，各职业学校坚持走"校园文化企业化、班级文化专业化"校园文化发展之路。太仓市设立专项基金，每年评选"太仓市十大技能明星"。张家港市编写了《校企融合在港城》，把企业文化引入课堂。

反例：有受访者认为"普遍不重视职业教育，一听说是某某职业学校的老师，后面就没声了"，"只有口号，没有毕业生技能的普遍提高，使这种宣传只能流于形式"。苏北某县教育局反映："地方企业类型局限，用工不太规范，待遇低，因此职校毕业生在本地就业优势不明显"。

评述：总体来看职业文化建设已经有很大进步，但其丰富性、系统性还很不够，其水平、效果提升还有很大空间。要积极引导社会舆论，为职业教育积极造势，提高职业教育在各类教育中的地位和在民众中的认知度和认可度。要切实提高技能人才的社会地位，提倡尊重劳动、尊重劳动者的社会风气，有效开展对青年人的就业指导，帮助他们做好生涯规划，让更多的人主动选择或真心欣赏做工、务农。要注意发掘当地产业优势和产业特色，创新现代职业文化，增强人们对劳动和创造的崇拜感。

四、关于"监控力"的调查分析

1. 行政监察

数据：

图 5－13 显示：在行政监察这一指标上，得到被访者的普遍认可，即使处于"下端"的学校，其"好"和"很好"评价者也近八成。

正例：被访者认为各地能够加强廉政监察，促进政风行风建设，防范治理腐败，注重加强执法监督，保证了政令畅通；强化教育内审，规范内部管理，

学校统计结果 县级教育局统计结果 市级教育局统计结果

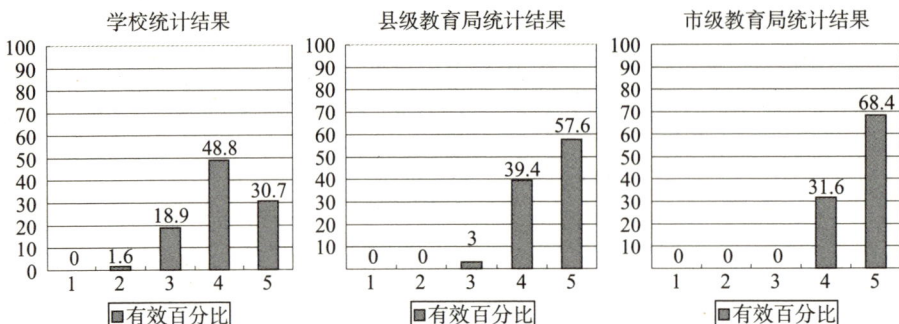

图 5 – 13 江苏省地方政府职业教育领导力"行政监察"得到的评价

防范了财务风险。如淮安区教育局介绍了"设立行风监督员，每年一次行风评议，对离任校长进行离任审计，人大、政协视察"等。海安教育局介绍"设有教育督导室、教育行政监察室有行风监督测评制度，有健全的教育行政监察工作领导监督工作机制。廉政监察有力，政风行风建设措施实在，防范治理腐败网络健全。"一教师评述："对设备采购等环节监控得力"。一县局科长叙述："定期对教育尤其是职业教育项目进行检查，如国家助学金项目、实训基地项目"。

反例：有受访者指出监督机制中，有部分暗箱操作，最好能引进第三方监督机制。

评述：受访者在此问题上的高度一致认可，使我们对职业教育系统风清气正的状态感到信心倍增。单从提高教育资源使用效益的更高要求上，被访者没有提及，因此，特别要注重加强效能监察，改善管理，注重效益。

2. 评估督导

数据：

学校统计结果 县级教育局统计结果 市级教育局统计结果

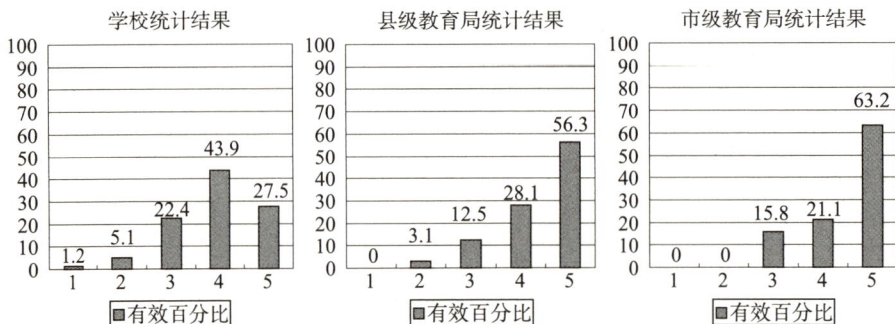

图 5 – 14 江苏省地方政府职业教育领导力"评估督导"得到的评价

图 5 - 14 表明，在多数被访者对评估督导持肯定态度的同时，三类被访者都有持保留态度者，甚至否定态度者（学校"不太好"和"不好"6.4%，县局"不太好"5.1%）。

正例：各地都注重建立合理科学的政府教育行政绩效考评制度，加强行政效能建设、目标责任制实施、行风评议和好班子建设等。如，有教师认为江苏省内的职业学校评估细则较细化，有制度，有参照，执行起来按部就班。如一教师肯定："组织对全市职教全面督导及教学视导"的做法。一县局副局长认为"市教育局定期对区、县骨干学校进行督导和考核"效果好。一教师肯定"有较强信息反馈平台"。太仓市教育局吴副局长推介：职教系统"进社区，进家庭"，"走百户，访千企"活动，征求意见，调整专业方向，深化校企合作，推进教学改革。

反例：有被访者提出职业学校中有评估机制，每年都评先进和优秀，但是形式大于内容。一教师反映："平时督促不足，行政部门只是到各个学校巡视检查，没有实效"。一教师提出："反馈机制，反应不灵活"。

评述：评估督导的必要性不容怀疑，重要的是保障评估督导的权威性和信誉度。行政领导者要在尊重学校管理自主权的前提下，更专业地、有效地开展对职业学校办学定位、发展思路、办学质量水平条件以及校长领导力的综合评价。要更加注重维护公众和相关方知情权；同时，支持教育改革与研究者进行独立探索，鼓励管理者和教育者彰显办学特色。

3. 问责体系

数据：

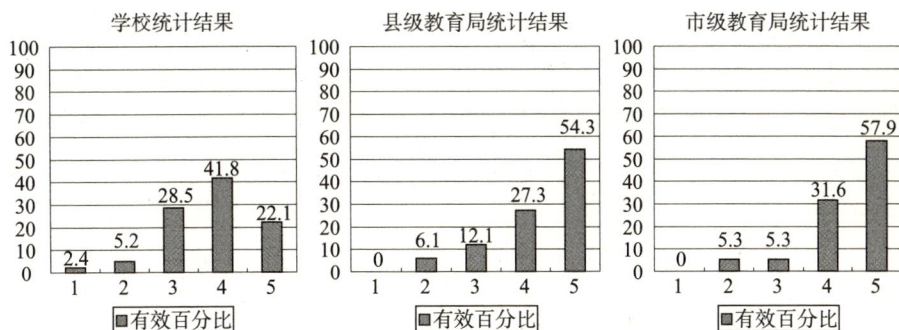

图 5 - 15 江苏省地方政府职业教育领导力"问责体系"得到的评价

图 5 - 15 显示，在多数被访者对问责体系持肯定态度的同时，三类被访者都有持保留态度者，也有部分持否定态度者（学校"不太好"和"不好"

7.6%，县局"不太好"6.1%，市局"不太好"也有5.5%）。但被访者中给出确切评论和事实案例者极少，也说明此项在行政领导中特别重要的事项尚未得到各方应有的重视。

评述：要强化各级领导者的教育问责法律意识，使教育问责切实做到有法可依、违法必究。要在领导者、被领导者和受益者及其他相关方中形成多方主体有序参与、相互配合、共同促进的职业教育问责体系。要坚持行政内部监督和责任追究制度，对不履行或不正确履行法定职责者，实行行政问责制，保证职业教育事业发展的科学性与正当性。

4. 反馈调节

数据：

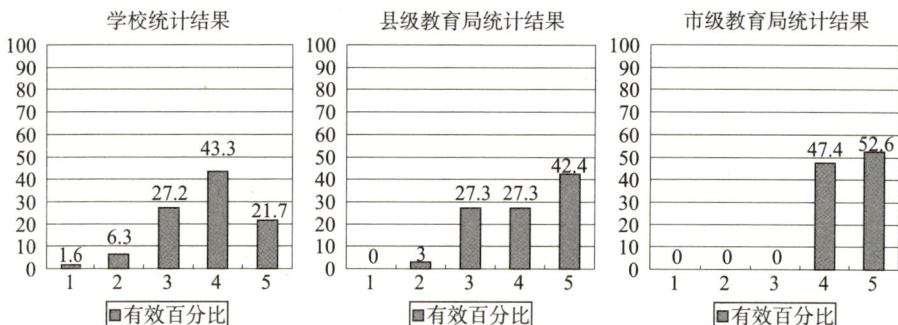

图 5-16　江苏省地方政府职业教育领导力"反馈调节"得到的评价

从图 5-16 看出，在对反馈调节的看法上，存在越向下评价越低的趋势。

正例：许多地方政府职业教育领导者注意倾听社会、企业、职业学校、学生和家长的反映和建议。如淮安区教育局胡局长介绍"定期召开企业负责人、初中校长、学生家长座谈会，了解情况，征求意见"；该局张副局长也谈到："对征询到的意见及时回复、反馈、公开，增强适应性和服务能力。"高邮市教育局和学校充分开展"五评"活动，其中有"学生评教师""家长评学校""社会评学校"项目，下发调查问卷，及时收集、明晰社会各界对职业教育发展的要求，从而进一步调整职业教育人才发展定位目标。市教育局和学校每年都对已毕业生进行跟踪调查，及时了解他们毕业后工作各方面情况和用人单位对毕业生的评价、建议。海安设立县长局长校长政务电子邮箱、建立网上家长学校电子交互交流平台。

反例：但也有些学校的被访者说：常常是"有反映，无反馈"，有教师说："发了问卷，不知是否总结了，结果如何"。

评述：监控分析本地区职业教育舆情，要注意发现有规律的问题，并从问题出发，及时形成预警方案，提出改革措施，调整职业教育发展目标，优化专业结构，改革人才培养模式，增强社会适应性和服务能力，确保教育的稳定健康发展。

五、关于"创新力"的调查分析

1. 学习意识

数据：

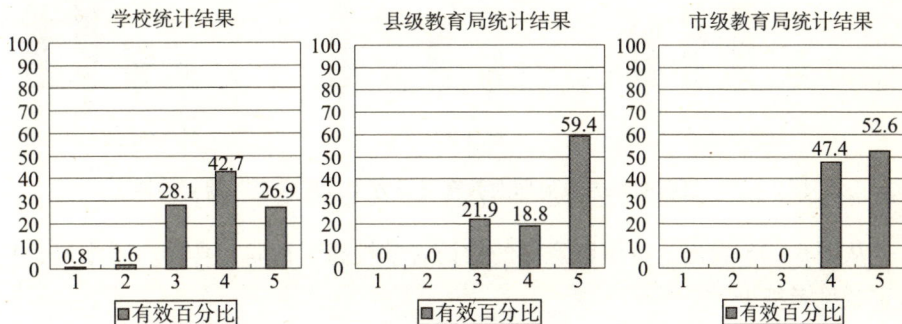

图 5-17　江苏省地方政府领导者职业教育领导力"学习意识"得到的评价

从图 5-17 看出，被访者对地方政府职业教育领导力"学习意识"总体持肯定态度，县局和学校的部分被访者有所保留。

正例：近年来，地方政府职业教育领导者的学习意识普遍增强，被普遍认可。一教师评述："相关分管领导吸收现代教育思想，能主持开展一些行业企业调研，由市职教教研牵头进行"。高邮市委宣传部牵头开展学习型组织建设，要求在学习实践中要做到"真懂、真学、真考、真用"，在学习型党组织建设中努力创先争优。教育局积极组织职业学校校长、副校长参加国家级、省级培训，送相关校级领导到国外培训，每年近50多人次参加中等职业学校教师国家级、省级培训。一教师肯定："市级对职业教育成果给予肯定并有相应措施，对职业教育教学政策有专门机构进行研究"。

反例：一教师："课题研究调研专于表面，不具体实际行动"。一教师："不反思自身问题，只知道讲'没有教不会的学生，只有不会教的教师'"。

评述：学无止境，对于职业教育这样一个专业性强又日新月异的领域，其领导者必须形成学习、研究的好风气，学习职业教育法律法规和政策，持续地关注和学习国内、外职业教育的成熟经验，优秀成果和高效做法，不断探求职业教育的新发展新特点，倾听不同的教育思想、主张、意见才能以理性的精神、科学的态度和民主的方法，去领导和管理职业教育事业。

2. 反思求变

数据：

| 学校统计结果 | 县级教育局统计结果 | 市级教育局统计结果 |

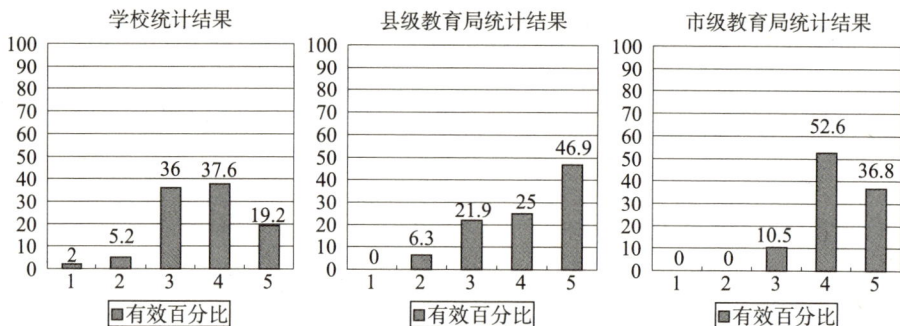

图 5-18 江苏省地方政府职业教育领导力"反思求变"得到的评价

从图 5-18 看出，持保留意见的被访者学校高于县局，县局高于市局，持否定意见者极少。

正例：被访者对这一问题的应答不很积极，仅有三例：其一，海安县的做法是："①设立县、主管部门、学校三级职教工作百分考评机制，及时反思自纠，定期对管理中得失做出客观评判，发现问题及时予以纠正。②分级加强跨区域职教工作交流：请进来，传授职教理念；走出去，学习职教发展及管理经验。③政府牵线搭桥，推动高等院校合作办学，邀请专家讲学，主动接受先进职业教育思想，为打通职教高移化通道作理论和经验的准备。④建立职业教育研究机构和机制，征求系统外部反应，求助专家指导。根据区域社会经济发展环境、法律、政策发生变化及时职教发展策略"。其二，高邮市教育局全年都定期召开精致管理现场会、德育管理现场会，播放事先突击抓拍各类学校常规管理镜头，表扬先进，曝光后进，较好地纠正了学校管理中存在的问题。高邮市政府网站设立"寄语市长"栏目，高邮市教育局自主开发了教育 OA 系统，设立"寄语局长信箱""公共服务""在线咨询"等网络平台栏目，自觉接受监督，倾听来自基层的意见，征求系统外部反应。其三，张家港市教育局每年向学生、家长发放问卷，开展"万名教师进万家"活动，让学生和家长点评教育，征求意见，改进服务。但在通过这些过程，究竟在那一问题上做出了改变，取得了效果，并没有得到有价值案例。

评述：反思是创新的开始，是改革的依据，建立反思自纠制度，形成自我批评风气，定期对管理中得失做出客观评判，发现问题，或及时予以纠正，或求助专家指导，应是领导者的主要工作方法之一。领导者要自觉接受监督，倾听来自基层的意见，观察系统外部反应，以便在社会经济发展环境发生改变，法律、政策发生变化，或教育资源、能力出现变动时，妥善应对。

3. 改革举措

数据：

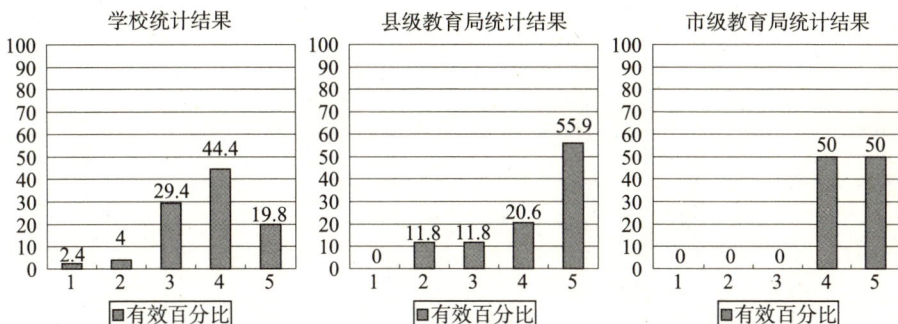

图 5-19　江苏省地方政府职业教育领导力"改革举措"得到的评价

图 5-19 显示：对于改革措施，各类受访者在认识上还是有差距的，市局受访者给予高度肯定（"好""很好"达100%），县局受访者则有保留意见者（"一般"）和负面意见者（"不太好"）11.8%，学校受访者保留意见者达29.1%。

正例：部分被调查者指出通过示范学校创建、品牌特色专业创建形成自己的办学特色。淮安区教育局介绍了"开放式在线技能培训，组建职教集团，富农强区的农村劳动力培训，一生多证，订单培养"等新鲜经验。海安县职教中心吴如林校长详尽推介了该县政府、主管部门及职业学校注意探索发展职业教育规律，积累职教创新改革经验，彰显办学特色以海安职教中心主体，走出了"寝位、餐位、学位、工位、岗位"五位一体的育人模式之路的情况。高邮职教中心实行"引企入校"措施，引一地方服装企业进入校内服装实训基地进行生产，积极构建"企业化育人"模式，并根据"工学结合"原则，高邮职教中心确立了"三步走"人才培养模式，即第一年安排1～2周的企业见习；第二年安排1～2个月的企业教学实习；第三年安排半年左右时间顶岗实习。

反例：也有受访者认为：本地区缺乏创新意识，职业发育停滞不前。

评述：改革是无止境的，领导者要善于在现有政策或经验的盲点上，开拓进取，勇于探索，创新设计，提供政策制定理论基础和经验依据。要针对职业教育发展中的重点与难点，运用当代先进的理论和方法，率先采用新发展路径和改革措施。结合区域经济和产业特色以及职业教育实际，如此才能走出自己的发展道路，形成区域特色。

4. 创新成果

数据：

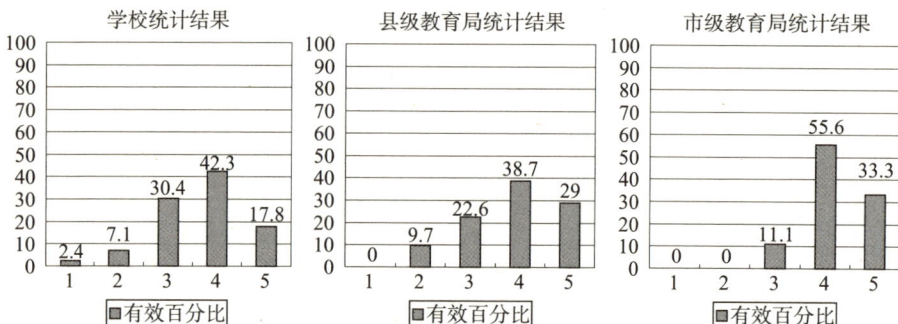

图 5-20　江苏省地方政府职业教育领导力"创新成果"得到的评价

正例：江苏各地在职业教育理论探索研究方面，提出新理念、新理论和新方法，在职业教育教学改革创新方面，涌现出一批具有较高质量和较大影响的成果，有些是标志性的新成果。受访者认为重视理论研究，并结合实践。也有部分被调查者指出学生就业好，能够学到知识技能，才是真的好学校。适应产业发展，提升职业教育技能型人才培养能力。如高邮实施全员培训，提高职业教育服务就业再就业的能力。高邮市教育局大力开展"五项行动"，其成果被中国教育报刊载了题为《高邮——助农民跨越致富最后一道坎》的专题报道。高邮市职教中心实施了学分制和弹性学制后，调动学生学习积极性和主动性、培养学生自主意识和竞争意识、因材施教发展了学生个性，得到了学生和家长的欢迎。海安推介出一批新成果：心系"三农"，打造职教富民新名片；《校企合作管理制度》，实践顶岗式、介入式、订单式、参与式等多种模式；"岗位、学位、工位、床位、餐位""五位一体"育人模式；《五位一体学分制实施方案》，通过目标引领学生成人、成才、成功，以五位打造职业人、文化人、技能人、情感人、文明人。宝应县全面实施在"5S"管理基础上的"2S"人才培养模式，取得显著效果。太仓市的"双元制"本土化实践，在校企合作方面成为全国样板。射阳服务港海经济，打造以光伏产业为主的新专业；实施"职教富民"工程，推出"公司+基地+合作社"模式；实施"职教益民"

工程，指导农户开展养殖业。

评述：江苏职业教育的改革成果令人欣喜，作为领导者更应多在职业教育制度建设方面，科学制定具有区域特色职教特点的政策规定、管理办法和发展战略。在职业教育运行模式方面，则应形成开放、柔性、高效的管理体制机制，给校长和教师更多的改革动力和权利。

通过现状调查使我们看到，江苏地方政府职业教育领导力较强，管理绩效基本被认可，职业教育第一线的工作者对地方政府职业教育领导力既有信心，也有期许。

（本部分主笔：董存田，协助：徐媛媛）

第二节 江苏省职业学校对地方政府职业教育领导力评价的差异分析

经对江苏省中等职业学校的校长、主管业务的副校长和专业骨干教师三个岗位各一人进行的问卷调查，征求他们对其当地地方政府职业教育领导力的评价意见，并对各职位给各二级指标的评分做了交叉分析。

在数据统计分析中，主要采用卡方检验分析各二级指标得分的差异。对三个岗位分别为 20 个二级指标的评分资料进行统计推断，根据卡方分布原理，计算检验统计量卡方值，再与卡方分布的界值（链接卡方界值表）比较，确定 P 值并作出推断。卡方值计算的基本公式为：

$$x^2 = \sum \frac{(A-T)^2}{T}$$

式中 A 为实际频数（actual frequency），T 为理论频数（theoretical frequency）。

经数据统计分析得出的结论是：三个职位对一个二级指标——"监察机制"的评分结果有显著差异，如表 5-1。

表 5-1 中等职业学校的校长、主管业务的副校长和专业骨干教师对
地方政府职业教育领导力中"监察机制"评分的交叉分析

		评分				合计
		2	3	4	5	
职位 2	副校长	0	9	29	21	59
	教 师	3	34	65	30	132
	校 长	1	3	21	25	50
	合 计	4	46	115	76	241

卡方检验

	值	df	渐进 Sig. （双侧）
Pearson 卡方	18.724	6	0.005
似然比	20.584	6	0.002
有效案例中的 N	241		

从表 5-1 可以看出，三个职位中校长认为当地地方政府职业教育"监察机制"做得"很好"的比例达 50%，"好"和"很好"之和达 84%；副校长为 36%，"好"和"很好"之和是 74%；而骨干教师为 23%，"好"和"很好"之和为 71%，可见不同岗位对这一指标的认同是有显著差异的，领导者更需要让基层群众了解到公开公正，从严治政的态度、能力与成效。

三个职位对其他 19 个二级指标评分的交叉比较均无显著差异。

例：战略意识

针对"战略意识"，其 Pearson 卡方值为 0.266，故当显著性水平为 0.05 时，可以接受原假设，设为校长、主管业务的副校长和专业骨干教师三个岗位"战略意识"是不存在显著差异的（如表 5-2），其余二级指标类同。

表 5-2　中等职业学校的校长、主管业务的副校长和专业骨干教师对地方政府职业教育领导力中"战略意识"评分的交叉分析

		评分					合计
		1	2	3	4	5	
职位2	副校长	2	2	7	27	21	59
	教　师	1	6	35	53	44	139
	校　长	0	0	10	21	19	50
合　计		3	8	52	101	84	248

卡方检验

	值	df	渐进 Sig. （双侧）
Pearson 卡方	9.983	8	0.266
似然比	11.780	8	0.161
有效案例中的 N	248		

综合本章第一节第一部分"决策力"所做得数据描述和评述以及此处揭示的统计分析结果表明，江苏中等职业学校的校长、主管业务的副校长和专业骨干教师三个岗位对当地地方行政领导者职业教育管理能力总体上持肯定态度，并三个职位的评价在绝大多数指标上具有一致性。

（本部分主笔：董存田、陈雪平，协助：徐媛媛）

第三节　职业学校与教育行政部门对地方政府职业教育领导力评价的差异分析

经对江苏省所有中等职业学校（校长、主管业务的副校长和专业骨干教师）、市级教育局（局长、主管职教副局长、职教处长）和县（区、市）级教育局（局长、主管职教副局长、职教科长）进行的问卷调查，分别征求他们对其当地地方政府职业教育领导力的评价意见。中等职业学校校长、主管业务的副校长和专业骨干教师的评价结果在绝大多数（19 个）指标上具有一致性（本章第一节第二部分"执行力"所述），县（区、市）级教育局局长、主管职教副局长、职教科长的评价结果也具有一致性（差异不显著，具体不详述），市级教育局局长、主管职教副局长、职教处长因样本小，未进行显著性测验。将三类单位所有被调查者作为整体，对三类单位给各二级指标的评分做了交叉分析。

在数据统计分析中，主要采用卡方检验分析各二级指标得分的差异。对三个岗位分别为 20 个二级指标的评分资料进行统计推断，根据卡方分布原理，计算检验统计量卡方值，再与卡方分布的界值（链接卡方界值表）比较，确定 P 值并作出推断。卡方值计算的基本公式为：

$$x^2 = \sum \frac{(A-T)^2}{T}$$

式中 A 为实际频数（actual frequency），T 为理论频数（theoretical frequency）。

经数据统计分析得出的结论是：中等职业学校、市级教育局和县（区、市）级教育局，评分无显著差异的二级指标有 4 个：情势判断，依法行政，文化保障，创新成果。

例：情势判断

表 5 - 3　中等职业学校、市级教育局和县级教育局对地方政府职业教育
领导力中"情势判断"评分的交叉分析

		情势判断					合计
		1	2	3	4	5	
分类	学校	6	13	68	109	64	260
	市级	0	1	3	8	7	19
	县级	0	3	7	8	17	35
	合计	6	17	78	·125	88	314

卡方检验

	值	df	渐进 Sig.（双侧）
Pearson 卡方	12.832	8	0.118
似然比	13.369	8	0.100
线性和线性组合	3.976	1	0.046
有效案例中的 N	314		

从表 5 - 3 可以看出：中等职业学校对地方政府职业教育领导力中"情势判断"评分认为"很强"和"强"的达到 67%；市级教育局达 79%，县级教育局则为 71%，三者均有较高的认可度，并差异不显著。说明江苏地方政府职业教育领导者对职业教育的情势判断准确，对提高其决策力有着重要影响。

然而，三者评分有显著差异的二级指标则有 16 个：战略意识，发展规划，决策机制，统筹发展，协调机制，执行效率，人力保障，经费保障，条件保障，监察机制，评估机制，问责机制，调节机制，学习意识，反思机制，改革举措。所有这些差异显著的二级指标评分中均为为中等职业学校评分较低，多数差异表现在中等职业学校与县、市教育局之间，有的指标也在县、市教育局之间也有差异。

例：执行效率

表 5 - 4　中等职业学校、市级教育局和县级教育局对地方政府职业教育领导力中
"执行效率"评分的交叉分析

		执行效率					合计
		1	2	3	4	5	
分类	学校	9	11	72	116	42	250
	市级	0	0	3	7	9	19
	县级	0	0	4	13	14	31
	合计	9	11	79	136	65	300

卡方检验

	值	df	渐进 Sig.（双侧）
Pearson 卡方	24.370	8	0.002
似然比	25.152	8	0.001
线性和线性组合	17.853	1	0.000
有效案例中的 N	300		

从表5-4可以看出：中等职业学校对地方政府职业教育领导力中"执行效率"评分认为"很高"和"高"的仅为46%，认为"低"和"很低"的也占到8%；市级教育局认为"很高"和"高"的则达84%，县级教育局认为"很高"和"高"的更达87%，后二者无一认为"低"或"很低"。说明江苏地方行政领导者在职业教育管理的执行效率这个突出表现领导（管理）者与被领导（管理）者关系的指标上，没有被中等职业学校完全认可。

例：学习意识

表5-5　中等职业学校、市级教育局和县级教育局对地方政府职业教育领导力中"学习意识"评分的交叉分析

		学习意识					合计
		1	2	3	4	5	
分类	学校	2	4	71	107	68	252
	市级	0	0	0	9	10	19
	县级	0	0	7	6	19	32
	合计	2	4	78	122	97	303

卡方检验

	值	df	渐进 Sig.（双侧）
Pearson 卡方	23.087	8	0.003
似然比	28.046	8	0.000
线性和线性组合	12.386	1	0.000
有效案例中的 N	303		

从表5-5可以看出：中等职业学校对地方政府职业教育领导力的"学习意识"评分认为"很强"和"强"的为70%；市级教育局达100%，县级教育局则为78%，三者差异显著。说明作为地方政府职业教育领导者一部分的

教育局对包括自身在内的学习上的要求不及被领导者对他们的要求高。

基于对 20 个二级指标的评分结果及相应的权重做出三者评价的综合指数，中等职业学校对各一级指标上的评价均最低，综合指数均在 4 以下；而市教育局和县教育局均在 4 以上，对"决策力"和"创新力"，市教育局高于县教育局；而在"执行力""保障力"和"监控力"中，县教育局高于市教育局，如图 5 - 21 所示。

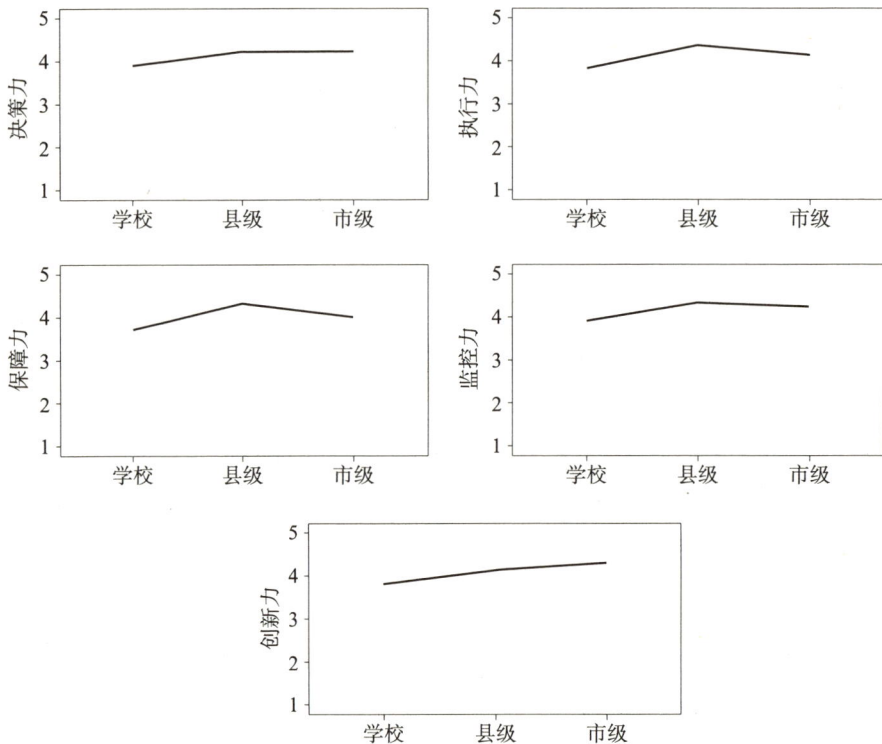

图 5 - 21 中等职业学校、市级教育局和县级教育局对地方政府职业教育领导力
一级指标评价的差异

上述分析告诉我们：作为地方政府职业教育领导者群体中一部分的教育局对地方行政领导者管理能力的评价高于在职业教育一线作为被领导者的职业学校校长和教师，说明地方政府职业教育领导力提升还有很大空间，他们的作为需要由被管理者督导。

（本节主笔：董存田，协助：陈雪平、许悦）

第四节 江苏等三地地方政府职业教育领导力差异分析

为了考察处于职业教育发展水平不同区域的地方政府职业教育领导力的差异，以"地方政府职业教育领导力评价模型"为工具，面向山东、江苏和新疆生产建设兵团三个地区的职业学校骨干教师做了书面访谈，并发放调查问卷，回收有效问卷155份，其中江苏省100份，分布于苏北、苏中和苏南三个区域，山东省35份，新疆生产建设兵团20份。根据回收问卷的统计分析和对访谈内容的研读，结果如下：

一、三地地方政府职业教育领导力差异综合比较

结合调查数据，并利用以上模型可以计算出江苏、山东和新疆生产建设兵团三地区的地方政府职业教育领导力综合指数，所得结果见表5-6。

表5-6 江苏、山东、新疆建设兵团地方政府职业教育领导力综合指数

江苏省	山东省	新疆
4.0345	3.9845	3.2237

从表5-6计算结果可以看出，江苏省地方政府职业教育领导力的综合水平是最高的，达到了4.0345，山东省排名第二，新疆以3.2237位于第三位，这与三个地区经济发展和职业教育发展水平的差异是一致的。

二、三地地方政府职业教育领导力差异的分析

以一级指标进行分析，结果见表5-7。

表5-7 江苏、山东、新疆建设兵团地方政府职业教育领导力一级指标指数

一级指标	江苏省	山东省	新疆
决策力	4.00	3.55	3.39
执行力	4.12	4.14	3.19
保障力	4.04	4.08	3.28
监控力	3.98	4.07	3.15
创新力	4.04	4.11	3.10

从上表5-7中可以得出，江苏省除了在决策力指标上超过山东省，江苏省与山东省在其他一级指标中相差不多，而新疆生产建设兵团在这五个一级指

标上与两个地区差异较大。说明江苏、山东地方政府职业教育领导力明显高于新疆生产建设兵团，而江苏的优势主要表现在决策力。

三、三地地方政府职业教育决策力差异的分析

结合决策力的 4 个二级指标打分以及相关访谈结果可以更透彻地了解三地决策力的差异及其对职业教育事业的影响。

1. 战略意识

战略意识

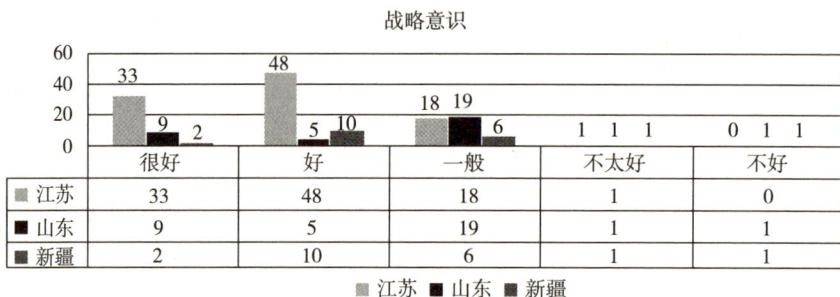

	很好	好	一般	不太好	不好
江苏	33	48	18	1	0
山东	9	5	19	1	1
新疆	2	10	6	1	1

■ 江苏 ■ 山东 ■ 新疆

图 5 – 22　江苏、山东、新疆建设兵团地方政府职业教育领导力战略意识比较

在江苏省调查的结果中发现，有 33% 的人认为地方政府职业教育领导者的战略意识很好，48% 的被访者认为领导者的战略意识较好，仅有 18% 的人认为地方政府职业教育领导者的战略意识一般，1% 的人认为领导者的战略意识不好。这个调查结果与江苏省大力推动职业教育的发展是相关的。有一些被访者认为江苏省职业教育发展战略的制定主要是与沿海沿江发展规划紧密结合的，职业教育与地方经济发展进行对接，培养企业所需人才，毕业后直接输送到相关企业。但是，也有被访者指出职业教育的投入少；有针对性的调研几乎没有；生源危机造成招生质量下降，造成"来者都是客"的情况。

在山东省调查问卷中，有 50% 以上的被访者认为地方政府职业教育领导者的战略意识一般，仅有 27% 的人认为领导者的战略意识很好。有部分被访者认为，虽然本地区投入了资金发展职业教育，但是由于社会环境的影响，当地经济状况一般，对技术工人需求并不是非常急迫，职教投入不会在短期内对改善经济有所帮助。虽然各地都开办职业教育，但是缺乏全局意识，民主意识不强。上级到下级实质性的太少，执行力度不够。与江苏省相似的问题是，最近几年由于高校的扩招，使得中职学生的招生也遇到了很大的困难；中职校几

乎都是"进校学生不挑选，入校学生不淘汰"，质量难以保证。

而在新疆生产建设兵团的调查中发现，一半以上的被访者认为领导者的战略意识很好，30%的调查对象认为地方政府职业教育领导者的战略意识是一般的。部分被调查者认为，在新疆地区，中职学生享受免试入学，每年1500助学金，25%免学费的优惠待遇是职业教育战略意识的一种有效表现，使每个学生都有书可读，保证了社会的和谐发展。

2. 情势判断

情势判断

	很好	好	一般	不太好	不好
江苏	28	41	27	4	0
山东	6	6	18	4	1
新疆	2	6	7	4	1

■ 江苏　■ 山东　■ 新疆

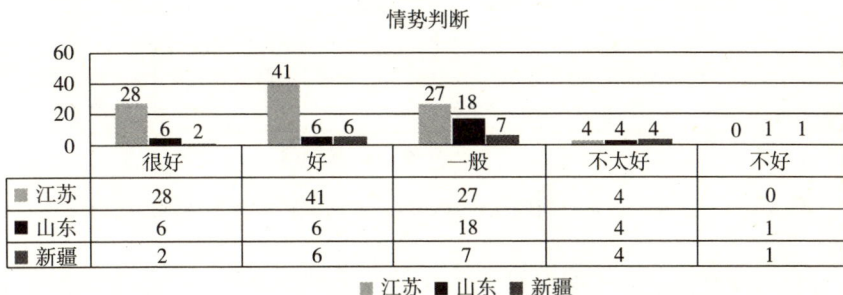

图5-23　江苏、山东、新疆建设兵团地方政府职业教育情势判断能力比较

在江苏省调查的问卷中可知，28%的被调查者认为对中职教育情势的判断是很好的，41%的被访者认为地方政府职业教育领导者对职业教育的情势判断较好，27%的调查对象认为领导者对情势判断一般。部分被访者认为江苏省各职业教育院校能够运用网络调查、座谈会等形式充分掌握各职校第一手的资讯材料，为职业教育政策的制定提供相关依据。但是也有人认为这种调查都是流于形式，对于形势的判断没有实质的影响。

对于情势判断指标，在山东省调查的问卷中发现，有20%的被访者认为地方政府职业教育领导者对职业教育情势的判断很好，20%的被调查者领导者对情势判断较好，还有51%的调查对象认为一般。部分被访者认为山东省职业教育的情势是重规模，轻质量，他们指出：能够定期地对毕业生就业情况进行调查，形成阶段性的各级评价，但是这种考察只是一种惯例，很少听取一线教师的意见及建议，不能积极向先进地区学习，很少进行学生就业情况及岗位适应情况和发展情况的真实统计，毕业生岗位和发展情况没有想象的那么乐观，和领导者了解的相差太远。

对新疆的调查中发现，仅有10%的被调查者认为地方政府职业教育领导者对情势判断很好，30%的被访查者认为地方政府职业教育领导者的判断较好，35%的被调查者认为对情势判断一般，还有20%的调查对象认为地方政府职业教育领导者对情势的判断不太好。部分被调查者认为新疆职业教育的发展情况较好，只是学生的就业状况不容乐观。

3. 发展规划

发展规划

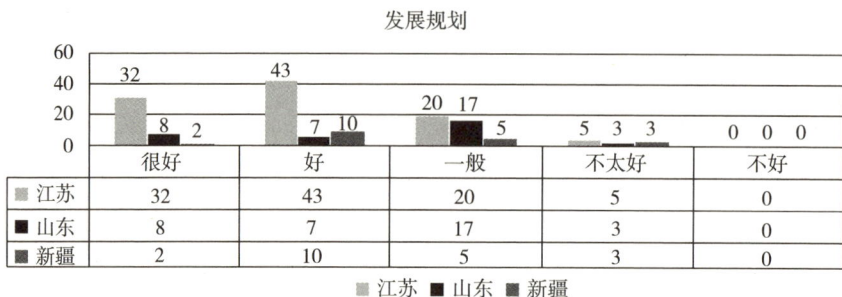

	很好	好	一般	不太好	不好
江苏	32	43	20	5	0
山东	8	7	17	3	0
新疆	2	10	5	3	0

■ 江苏 ■ 山东 ■ 新疆

图 5-24 江苏、山东、新疆建设兵团地方政府职业教育发展规划能力比较

而在江苏省的调查活动中发现，有32%的被调查者认为地方政府职业教育的发展规划制定得很好，43%的被访者认为地方政府职业教育的发展规划做得较好，仅有20%的调查对象认为职业教育的发展规划制定的一般。这个结果说明江苏省职业教育的发展规划制定总体比较好。部分调查对象指出，地方政府对职业教育的发展规划相当重视，明确指导思想目标及相关措施，配套相关法规和实施方法进行具体落实，但是也有一些被访者提出学校并没有明确的规划，完全是走一步算一步，换了领导换说法换要求。

在山东省调查问卷中，近23%的被调查者认为地方政府对职业教育的发展规划制定得很好，20%的被访者认为在职业教育的发展规划方面做得较好，而59%的调查对象认为山东省对职业教育的发展规划做得一般。部分被访者提出虽然地方政府把"职业教育的发展"列为政府十大实事之一，但是由于山东省经济发展的水平制约，但与整个中等职业教育的整体现状相比，有点"力不从心"，除了必要的硬件投资以外，很少有资金用于组织调研讨论以制订符合本地区实际的职教规划，规划大多自上而下。因此，这种发展规划对于一般教师而言，很少关心。

新疆的调查问卷反映，10%的被调查者认为职业教育的发展规划做得很好，50%的被访者认为地方政府职业教育的发展规划制定得较好，有25%的调查对象认为规划做得一般。部分受访者指出，在新疆地区职业教育的政策法规基本完善，实施得当。

4. 决策机制

决策机制

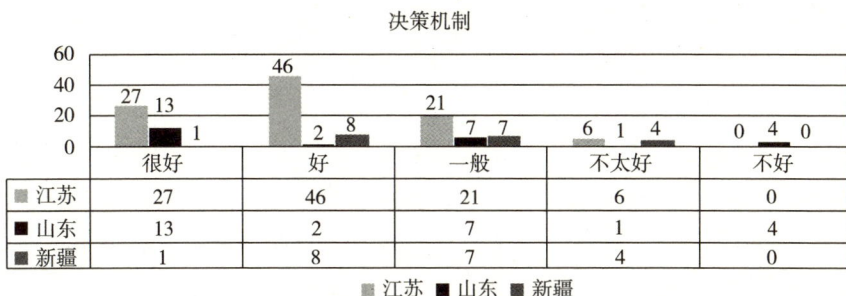

	很好	好	一般	不太好	不好
江苏	27	46	21	6	0
山东	13	2	7	1	4
新疆	1	8	7	4	0

■江苏 ■山东 ■新疆

图 5 – 25　江苏、山东、新疆建设兵团地方政府职业教育发展决策机制比较

在江苏省的调查问卷中发现，27%的被访者认为地方政府的职业教育决策机制构建做得很好，有46%的调查对象认为领导者的决策机制较好。21%的被访者认为决策机制一般，仅有6%的调查对象认为决策机制不太好。部分被调查者认为教代会并不能真正的产生实质的效果，一些地区职业教育的布局调整不合理，例如某县原有三个职业学校（现并为丹徒中专），合并前教育局要求其中一个搬到新址，合并后于2008年又搬到职教中心，6年内两次搬迁让人不解，感觉教育局决策如同儿戏。

在山东的调查问卷中，有37%的被访者认为决策机制构建做得很好，还有6%的调查对象认为决策机制较好。但同时我们也发现，20%的被访者认为决策机制一般，11%的被调查者认为领导者的决策机制不好，20%的调查对象甚至对该题没有作出明确的回答。被访者提出在山东省职教院校内虽然每年开一次校代会，但是大多数决策还是由学校的一把手说了算，其他领导老师不愿多说。专家咨询方面大多邀请本地企业的技术能手，技能方面尚可，但参与决策时不应作为主导意见；公众参与、科学性、民主性的决策机制未能建立。

新疆的调查问卷反映出，只有5%的被访者认为决策机制构建做得很好，40%的调查对象认为决策机制较好，35%的被访者认为决策机制一般，还有20%的调查对象认为决策机制不太好。

从上述分析可以看出：江苏省职业教育的发展优势与江苏省地方政府职业教育领导者的领导能力优势是相一致的，这就反证了地方政府在职业教育事业发展中的主导地位和首要责任这一判断，而政府的作用取决于领导者（群体）的能力，这种能力最突出的表现为"决策力"。

（本节主笔：董存田，协助：薛燕、许悦）

本章小结

江苏省市、县级教育行政部门和中等职业学校地方政府职业教育领导力均给出了较高评价，基本状况良好，但也有一些反例；被领导者——职业学校对地方政府职业教育领导力的评价倾向于积极，其校长、副校长、骨干教师三者看法基本一致；但教育行政部门对地方政府职业教育领导力的评价比职业学校的评价偏高；在江苏、山东、新疆建设兵团三地教师对地方政府职业教育领导力的评价比较中江苏居前，而江苏的优势主要表现在决策力。

第六章

地方政府职业教育领导力案例研究

通过对江苏部分地方政府职能部门领导者进行访谈，在主要依据"地方政府职业教育领导力评价模型"的指标体系进行标准化访谈之外，也就相关背景和案例进行了深度了解，许多被访者都提供了极具价值的事实材料和颇有见地的观点。此处谨将四份典型访谈记录整理于此。

第一节 张家港：职业教育层级的高移化

张家港市领导高度重视职业教育发展，将职教列入整个教育和地方社会经济发展的总体规划之中，在"十二五"规划中，将职教改革发展和高职园建设列入了优先发展的规划之中。张家港举办了全国第一所地方职业高校、全省五所中高职连读教育衔接试点院校之一——沙洲工学院。沙洲工学院实现了中高职连读教育衔接的专业和课程设置，开设一些如机械制造、机电、纺织等专业课程。学校招生的面由单一的从普通高中毕业生中招生，拓宽到向市中职学校直接进行招生，促进了张家港市职业教育层级的高移化。目前，正在启动高职园建设。

张家港市中等职业学校每年认真制订招生计划并规范实施，开展省内外合作办学。学校尝试开设中高职"直通车"，并出台了与中西部地区合作办学、合作培养的"2＋1"学生培养经费资助政策，引导西部地区学生来张家港就业。

2012 年，张家港市为中职学生新开辟了"中高职连读"教育衔接培养路径。此举是为了适应推进高等教育大众化需要，促进职业教育发展，拓宽人才成长"立交桥"，有利于形成多种教育形式横向沟通、纵向衔接的开放型职业教育办学模式，让张家港市适龄青年尤其是广大中职学生拥有更多的学习选择和继续深造机会。

在高移化的过程中进行专业调整。张家港市新建了许多高职区，进行专业调整，使专业分布更加合理，并积极开展国际交流与合作等活动。

2012 年，张家港市教育局组织本地中职学校，加强同沙洲工学院、电大、江苏城市职业学院、江苏联合职业技术学院等高职院校在专业设置、课程设置、课程开发等方面的衔接，通过专业与专业研讨，共同进行课程开发，共同进行专业产业吻合度调研等，逐步实现中高职教育的有效衔接，努力形成专业一体，层次分明，内容逐级递进的专业和课程发展格局，为有效实现张家港市职业教育的高移化奠定了基础。

目前，张家港市在校生也出现"高移化"倾向，升学已成为很多职校生的选择。而现在中高职连读以开放灵活的教育方式，为更多想圆大学梦的职校生提供了新途径。

张家港市政府经常性开展调研工作，了解当前发展形势，作出合理决策，适应当前形势的发展。针对本市地方企业发展"用工难"的实际，与中西部地区合作办学"2＋1"学习的办法引进技能人才。支持举办"全国重点职校走进张家港暨全国东西部地区中等职业学校合作办学洽谈会"，推动校企合作培养人才。

张家港制定了《张家港市中长期教育改革和发展规划纲要（2010—2020年)》《关于进一步完善终身教育体系的实施意见》《张家港市创建"江苏省职业教育创新发展实验区"实施方案》，并制定了相关备忘录，分解了工作的目标和任务，明确了完成的时间。

张家港市建立了职业教育联席会议制度，由分管教育的市长为主要牵头人，定期召集发改、经信、财政、人事社、工商联等部门的领导以及创业主要领导参加会议，听取对职业教育工作的建议和意见，另外还构建了职业教育行业专家指导委员会。由市政府发文，建立了职业教育工作领导小组，下设办公室于教育局。构建了职业教育联合会和职业教育创新发展领导小组，定期组织相关会议，讨论和解决职业教育改革发展的重要问题和难点问题。凡国家规定的职业教育政策都依法执行、优惠的政策都落实到位。同时，出台了一些指导职业教育发展的政策，如：给予"2＋1"学生 700 元/人的专项教育补贴，给予在职工中职学历教育 1000 元/年的补贴，给予招聘编外职业教育专业教师的专项补贴等。并严格规范相关培训机构，采取等级评估、公示、监督、职务调整等方法，确保当地各类职业培训机构的办学。

张家港市市委、市政府根据产业升级和产品科技含量不断提升的要求，及时关注技能人才的需求，适时提出了高职园建设的规划，并经过科学认证及时启动。教育局每年组织对职业学校的教育质量综合评估，省厅三个规范检查，督促职业学校规范管理，提高教育质量。

2012 年，张家港市对招聘职业学校教师进行了改革，对专业教师的招聘更看重技能和企业经历。并且向政府申请外聘教师专项经费。每年暑假教育局组织教师下企业实践活动，要求教师带着课题到企业实践，向企业技术人员请教。

张家港市每年按足按需保证职业教育各类费用。制定了《关于进一步加强职业教育校企合作办学的意见》，鼓励全方位进展校企合作。并积极争取教育费附加用于职业教育。近几年在外聘教师、"2＋1"对外招生、外地贫困生奖励等方面拨专款设立专项资金。

职业学校办学条件持续优化，校企合作积极推进。不断推进校企合作、工学结合。先后建立了有 39 家骨干企业参加的扬子江职业教育集团，开展了教师实践活动，并制定了相应的配套学校措施。

张家港市结合本土企业发展情况，编著《企业文化》特色教材。引导企业建立职业大学，提升职工文化和技能素质。通过职教开放日，让家长、社会全方位了解职业教育的教育、教学。

张家港市人民政府有完善的教育行政监察机制。每年都适时组织人大政协监督检查。重大事项市纪委介入和参与。教育局每年组织督镇、督校活动，对职业学校工作进行全方位督查。

张家港市人民政府每年组织职业学校教育教学质量综合评估，全方位评价学校发展情况。同时实施校长工作质量考评制度，实施对职业学校专业教育质量结合评估制度，并将评估结果与奖惩挂钩。

张家港市人民政府有完善的问责机制，建立了校长安全工作等目标责任制，严格执行目标考核，每年通过发放学生家长问卷等形式，请学生家长来点评教育工作，通过联席会议、职教集团活动，定期召开座谈会等形式不断优化职教发展。每年定期召开企业与教育、发改、经信、人社等部门领导参加的座谈会，听取用人的要求，收集信息，制定相关政策。开展"万名教师访万家"

活动，增强学校与家长的联系、教育与社会的联系，不断提高教育服务的质量和水平。

张家港市逐步形成学校专业特色优势，整合专业资源，提升办学质量。进行职业院校专业布局调整，使之更加适应张家港市经济的转型升级需求，有利于骨干专业的建设和发展。积极探索中高职联通机制，发挥本地高校资源优势，提升办学水平。积极探索职业教育中外合作办学，更新理念，提升能力。并在职教发展上提出工、商相对分开、错位发展、中高职衔接的思路，实现了职业教育层级的高移化。

（本节主笔：张家港市教育局王建东，协助：徐媛媛）

第二节　高邮：城乡职业教育的一体化

为了更好地开展职业教育工作，高邮从 2007 年开始推行"三校联动"，职教中心东迁战略，被纳入年度十大工程之一，投入 1.7 个亿，2009 年建成江苏省高邮职业教育中心校新校园，并进一步有效整合全市职业教育资源，将高邮市沙堰职业高级中学完整并入高邮职教中心，使全市职业学校布局更合理，更能充分发挥职教综合资源。2010 年，主动申报创建成江苏省"四星"级重点职业学校和江苏省高水平示范性学校，从而进一步提升了学校办学品位，促进职业教育可持续发展。每年市委市政府、市人大、市政协都召开年度职业教育人才培养协调会、调研会，形成会议纪要，积极指导、参与全市职业教育发展，从经费投入等方面予以全力支持。同时，针对职校生源锐减的形势，每年由市教育牵头召开全市职业教育招生会议，统一思想，形成共识，严格执行"三限"政策，确保职校有效生源，确保职业学校规模发展。每年度按照《高邮市中等职业学校校长考核办法》对全市职业学校校长进行考核；高邮市人民政府每 2 年开展一轮对职业学校进行教育综合督导。高邮市还鼓励企业与职业学校联合办学，支持企业在职业学校建立研究开发机构和实验中心。形成政府主导，行业、企业和社会力量共同参与的多元办学格局。

教育事业以学校为主体，学生为中心，市委市政府、市人大、市政协领导能够不定期按照不同主题到江苏省高邮中专校进行调研，召开师生座谈会，了解职业学校办学行为及运行质态。市教育局和学校充分开展"五评"活动，其中有"学生评教师""家长评学校""社会评学校"项目，下发调查问卷，及时收集、明晰社会各界对职业教育发展的要求，从而进一步调整职业教育人才发展定位目标。市教育局和学校每年都对已毕业生进行跟踪调查，及时了解他们毕业后工作各方面情况和用人单位对毕业生的评价、建议。

发展离不开规划、制度和统筹，高邮市政府制定了《高邮市国民经济和社会发展第十二个五年规划纲要》；高邮市教育局制定了《2010—2012 年教育事业发展规划》，规划体现出"大力发展职业教育""以市场为导向，促进职业教育发展"这一主题，同时也制定了《高邮市"十二五"职业教育与成人教育发展规划》；高邮市成立了高邮市职业教育联席会议，并制定了《高邮市职业教育联席会议制度》。

高邮市教育局通过"高效课堂过关年""高效课堂提升年"等活动，推动全市职业学校强势推行高效课堂改革；出台了《高邮市职业学校外聘教师管理办法（试行）》《高邮市政府办公室关于大力推进高邮市职业教育校企合作的实施意见》《高邮市政府关于进一步加强职业教育校企合作办学的意见》《高邮市教育局关于成立职业教育校企合作指导委员会的决定》《高邮市人民政府办公室关于成立职业教育校企合作工作指导委员会的通知》《关于进一步推动职业学校实施职业资格证书制度的意见》《高邮教育局关于职业学校学生证书制度的规定》《高邮市职业学校外聘教师管理办法（试行）》《关于进一步深化中小学人事制度改革的意见》等制度；每年在职校毕业生毕业就业前要填写《就业去向志愿表》，根据学生志愿做学生就业分流工作，实行在初中毕业生中进行升职校预约登记，填写《志愿表》，摸清毕业生志愿需求。

至今，高邮市地教育事业取得了显著成效，保持中等职业教育与普通高中教育的比例大体相当。以市场和就业为导向促进职业教育发展，加强职业教育骨干学校和重点专业建设，建成 3 个技能型紧缺人才培养培训基地和实训基地，广泛开展各级各类职业培训，逐步建立以就业、创业和技术创新能力为核心的职业教育培训体系，职业教育培训与劳动力市场需求形成良性互动。逐步提供满足多样化学习需求的各类开放式教育培训。加快发展社区教育，社区教育覆盖率达80%以上。近年来，培训1.2万农村新增和剩余劳动力及1000名农村致富带头人，农村从业人员的年培训率达35%；培训下岗失业人员5000人次，培训后再就业率达50%以上。大力培育新型农民和农村实用人才，着力加强农业职业教育和职业培训，促进职业教育及培训城乡一体化。

在经费、条件、文化地保障方面，高邮市人民政府及上级主管部门每年按足按需保证职业教育各类费用。高邮职教中心已是省级数控技术应用、服务、电光源实训基地、江苏省高邮高考标准化考点之一。高邮职教中心拥有 9 项省级研究课题。高邮职教中心充分利用高邮市培训学院优势，与高邮市安监局、高邮市供电公司、高邮市建工局等部门单位进行合作，开展专项合作培训项目。高邮市从 2007 年开始积极推行"三校联动"，职教中心东迁战略，纳入高邮市委市政府年度十大工程之一，投入 1.7 个亿，2009 年建成江苏省高邮职业教育中心校新校园，使全市的职业教育发生了翻天覆地的变化。高邮市委市政府和教育主管部门按照教育现代化进程要求，加大职业教育信息化建设投入；高邮职教中心已创成扬州市数字化校园，现正积极创建扬州市数字化示范学校。出台了《高邮市职业学校外聘教师管理办法（试行）》《高邮市政府办公室关于大力推进高邮市职业教育校企合作的实施意见》《高邮市政府关于进一步加强职业教育校企合作办学的意见》《高邮市教育局关于成立职业教育校企合作指导委员会的决定》《高邮市人民政府办公室关于成立职业教育校企合作工作指导委员会的通知》《关于进一步推动职业学校实施职业资格证书制度的意见》《高邮教育局关于职业学校学生证书制度的规定》等制度。每年高邮市综治办、教育局、司法等部门不定期召开有关学校安全工作会议，成立八部门学校安全检查工作小组，不定期开展安全检查。高邮市教育局每年召开职业教育专题会议和职业学校招生会议，职业学校每学期开展"家长一日访校"活动，充分利用地方媒体广泛宣传职业教育及其办学成果。高邮市教育局每年举办职业学校师生技能大比武活动月和师生创新大赛活动。高邮市人民政府在2012 年高邮市"五·一国际劳动节"表彰大会上表彰了高邮中专陈永清老师、范昌权老师（该校 05 级优秀毕业生、兼职教师）、97 届毕业生杨立铭同学，三名师生同时被高邮市人民政府表彰为市第三批"十佳技术能手"称号。高邮市人民政府出台〔2012〕59 号文件，鼓励他们充分发挥示范带头作用，努力为高邮市加快推进基本实现现代化作出新的贡献。邀请地方知名企业家、行业专家、优秀毕业生到校为在校生开展就业创业事迹与知识讲座，各职业学校坚持走"校园文化企业化、班级文化专业化"校园文化发展之路。

此外，高邮市审计部门每年度都对职业学校校长进行经济责任审计，形成报告。高邮市监察部门都听取职业学校校级领导的《述职述廉述法报告》，进行民意测评；检查校务公开情况。每年度按照《高邮市中等职业学校校长考核办法》对全市职业学校校长进行考核；高邮市人民政府每两年开展一轮对职业学校进行教育综合督导。每年度都与职业学校校长签写目标责任状、行风评议责任书等。高邮市教育局严格按照省"三项管理规范"要求，做好全市职业学校"三项管理规范"视导工作，彰显职业学校办学特色。高邮市人民政府、教育主管部门严格按照县域中等职业教育督导要求，做好相关工作。2010 年，高邮职教中心创成省"四星"级职业学校和江苏省高水平示范学校、江苏省课改实验学校，2011 年高邮职教中心创建成"省平安校园"，顺利通过区域教育现代化、省"县域职业教育综合督导"、省"三项管理规范"、省电子技术应用品牌专业等视导验收，圆满完成扬州市"群众满意学校"等专项创建。2012 年初，我校喜获"扬州市职业教育工作先进单位"荣誉称号，共有四所学校获此荣誉，其余三所均为扬州市市直学校。

同时，高邮市委宣传部牵头开展学习型组织建设，要求在学习实践中要做到"真懂、真学、真考、真用"，在学习型党组织建设中努力创先争优。高邮市教育局积极组织职业学校校长、副校长参加国家级、省级培训，送相关校级领导到国外培训，高邮职教中心陈同清校长 2010 年参加全国中等职业学校校长改革创新战略专题研究班学习，是省职业教育领军人才。全市职业学校高度重视各级各类培训，每年近 50 多人次参加中等职业学校教师国家级、省级培训。高邮市教育局全年都定期召开精致管理现场会、德育管理现场会，播放事先突击抓拍各类学校常规管理镜头，表扬先进，曝光后进，较好地纠正了学校管理中存在的问题。高邮市教育局建立机关人员下基层听课制度，了解基层学校教育教学常规状态。高邮市政府网站设立"寄语市长"栏目，高邮市教育局自主开发了教育 OA 系统，设立"寄语局长信箱""公共服务""在线咨询"等网络平台栏目，自觉接受监督，倾听来自基层的意见，征求系统外部反应。

本着坚持特色的原则，高邮职教中心成立了 13 个由专业骨干教师为核心成员的专业团队，参与学校各专业建设。高邮职教中心实行"引企入校"措施，引一地方服装企业进入校内服装实训基地进行生产，积极构建"企业化育人"模式。出台了《高邮市职业学校外聘教师管理办法（试行）》《高邮市政府办公室关于大力推进高邮市职业教育校企合作的实施意见》《高邮市政府关于进一步加强职业教育校企合作办学的意见》《高邮市教育局关于成立职业教育校企合作指导委员会的决定》《高邮市人民政府办公室关于成立职业教育校企合作工作指导委员会的通知》《关于进一步推动职业学校实施职业资格证书制度的意见》等制度。

根据"工学结合"原则，高邮职教中心确立了"三步走"人才培养模式，即第一年安排 1～2 周的企业见习；第二年安排 1～2 个月的企业教学实习；第三年安排半年左右时间顶岗实习。

　　创新始终是高邮职教的追求，在 2011 年江苏省职业学校文化标识评比活动中，高邮职教中心校训"动手动脑，求真求新"获得一等奖，办学理念"人本为先，乐业为天"获二等奖，育人理念"人品重于能力，做事始于做人"获三等奖。高邮职教中心陈同清校长主持全国教育科学"十一五"规划教育部 2008 年重点课题《当代职校生心理发展与职业教育对策的研究》子课题《90 后职校生心理发展危机及职业教育干预策略的研究》，已结题；现正主持 2011 年教育部人文社会科学研究规划基金项目《当代职校生心理健康教育模式的构建研究》子课题《当代职校生心理—道德教育模式的建构研究》。高邮市教育局大力开展"五项行动"，其成果被中国教育报刊载了题为《高邮——助农民跨越致富最后一道坎》的专题报道。高邮职教中心注重深化课程改革，教师参与开发校本教材热情高，其中吕传鸿老师主编的以项目教学法理念为引领的《电工与电子技术》教材被华东五省一市多家职业学校使用。

（本节主笔：高邮市教育局许明，协助：徐媛媛）

第三节　海安：职业教育资源的集约化

　　海安县位于上海 1 个半小时经济圈内，随着南通桥港经济时代的到来，在"十一五"期间，县委县政府高瞻远瞩勾画了"崛起苏中、融入苏南、冲刺百强、率先小康"的战略定位，在加快经济社会发展的同时，视职业教育为社会经济发展的助推器，把职业教育纳入地方社会经济发展总体规划中，确立了教育事业优先发展和均衡发展的战略决策，把职业教育摆到重点发展位置。

　　根据生源变化、区域经济发展态势，及时整合资源，调整职教布局，形成"一主一辅一特"的职业教育事业发展格局。即在经济发达的、企事业单位集中的中心城区建设一所具有辐射功能的主体型职校海安职教中心；在城乡结合部建设一所具有培养现代农业、建筑业等地方经济所需人才的辅助补充型职校，海安双楼中专；为积聚社会力量，转变和激活办学机制，海安还打造社会力量办职教的特色品牌，创行了民办和成人职教的运行机制。

　　海安是新中国农村职业教育发源地，职业教育为地方经济建设培养大量的初中高级的专门的技术人才，20 世纪 80 年代末 90 年代初就在全国率先建成两所国家级重点职业中学，"十一五"期间又在地方政府和省市上级主管部门及领导支持下建成两所四星级高水平示范型职业学校。20 多万名职校毕业生成为促进地方经济的生力军。

"十一五"末，县政府落实县人大、政协建议议案和提案，作出"关于加快职教资源整合新建职业教育中心的步伐，提升职业教育为海安经济建设服务的能力"战略部署。经县人民政府第十四届第十三次常务会议批准立项于2009年5月启动了江苏省海安职业教育中心新区建设，一期工程投资5.6亿元，建设占地480余亩，建筑面积13.5万平方米。现已完成一期工程建设，且进行了城区职校资源整合，并整体入住。

为加快职业技术教育和经济的发展海安制定实施了"525"人才培养和引进计划：大力创新校企合作人才培养机制，实行"招才引智""招生引劳"的"双招双引"以及校企产学研结合等策略，促进职教的发展。

本地区职业教育改革有预警意识与处理危机能力。抢占职教制高点，以创建促发展，整合城区职教资源，形成南追苏南，北超苏北，苏中率先的态势。海安县政府提出"举全县之力量"创建海安职业教育创新改革发展示范区，创建国家中等职业教育改革发展示范校，形成职教管理督导网络，明确一名副县长分管教育并兼任职业教育中心园区党工委书记，县政府办副主任专职兼任职业教育中心园区主任，驻点调研，强化职教发展管理和指导。

海安县人大政协成立科教文化办公室专门负责教育事业的督查调研和指导，形成专题报告，供政府决策。县委县政府等四套班子领导建立走基层，访职校的制度，能深入实际，重视现场考察，了解职业教育的真实现状。

为建设新型现代化的职教中心新校区，确保项目的顺利实施，县委、县政府成立了以县委常委、组织部长为总指挥，县政府副县长为副总指挥，县政府办、县纪委监察局、教育局、体育局、发改委、建设局、国土局、财政局、建设中心、卫生局、劳保局、粮食局、建管局、海安镇、卫校等单位主要负责人为成员的项目建设指挥部；指挥部下设由教育局党委书记、局长、体育局长为主任，县机关事务管理局局长、县建设中心主任为副主任，县各有关部门分管负责人为成员的办公室负责日常事务，并设资源整合组、工程建设组、资金筹集组等三个工作组，工作组的建立有效地推进职教中心新区的建设速度。

海安职教中心（海安中专）十二五《规划纲要》以国家和省《中长期教育改革和发展规划纲要》为指针，以各级文件精神为依据，以服务区域经济发展为宗旨，高点定位，科学规划，彰显特色。学校积极实施校企合作与校校合作办学，不断探索和完善职业教育的人才培养模式，启动学校职业教育的集约化和集团化发展工程，全面构建现代职业教育的办学环境；着手开展远程开放教育和五年制高等职业教育的办学研究，从教育模式、教学资源、师资建设等多方面做好成立海安开放大学和海安高职学院的准备。

——取得五个方面突破：办学模式突破；管理模式突破；办学规模突破；专业建设突破；人才质量突破。

——建成六个辐射中心：劳动力转移培训中心；中职后职业技能提高培训中心；技能鉴定中心；信息技术推广中心；苏中职业教育发展研究中心；国家开放大学海安学习中心。

——创新管理七大机制：创新教师队伍长效建设机制；创新专业建设、课程改革管理、评估机制；创新更具活力的校企合作办学机制；创新聘任企业高技能人才和社会能工巧匠任教的机制；创新学校、行业、企业、研究机构和其他社会组织等方面共同参与的教育教学评价机制；创新完善"五位一体"育人模式运行机制；创新人员聘用、考核科学运行机制。

适应区域社会经济发展和职业教育实际需要，正确决策职业教育改革与发展的重大事项，进行战略管理。达成一个最高目标：在逐步实现全县职教资源整合的同时，2012年申报并建成国家中等职业教育改革发展示范学校。示范学校建成后学校将成为海安中等职业教育创新发展的新"标杆"。到2015年，全面达成江苏省职业教育创新发展实验区建设标准，将学校建成国家高水平示范性中等职业学校。到2020年建成一所苏中地区有个性化特色、实验性、示范性、以为地方经济建设培养中高级专门技术人才为主要办学目标的职业技术学院。

计划用3~5年，探索并形成"五位一体"育人模式，实现学校特色发展，为社会和地方经济提供服务质量，不断提高办学效益。坚持以构筑"多元并举"人才培养机制立交平台为抓手，计划用4~6年，实现学校跨越发展，追求中等职教做特、成人教育做大、高等职教做精、培训服务做活，达成职教高移化目标，实现三步发展跨越。

第一步，建设国家中等职业教育改革发展示范学校。根据《教育部人力资源和社会保障部　财政部关于实施国家中等职业教育改革发展示范学校建设计划的意见》（教职成〔2010〕9号）文件精神，示范校实施建设计划所需资金主要由中央财政支持（1000万），地方财政安排相应的配套经费予以支持，同时应鼓励企业积极参与，开展合作办学。主要指标：打造一批优势专业和特色专业，6个以上专业创建成省级特色专业，4个以上专业创建成省级品牌专业。力争2011年年底或2012年申报并建成国家中等职业教育改革发展示范学校。

第二步，建设国家高水平示范性中等职业学校。海安职教中心计划在2013～2015 年申报并建成国家高水平示范性中等职业学校。高水平示范校建成后，学校将在深化教育教学改革、创新人才培养模式、建设高水平专兼结合专业教学团队、提高社会服务能力等方面取得长足进展，为学校的可持续发展奠定厚实的基础，使学校的整体办学水平进入全国中等职业学校的先进行列。

第三步，建设江苏省海安职业技术学院。在前两项创建目标实现的同时，在主管部门和地方政府的领导、规划和支持下，实现职教资源大整合，以现有开放远程教育为基础，分步推进职教高移化进程：建设江苏高职办班点、强化技能培训基础能力建设、提高技能培训办学水平、提升人才培养规格、扩大高级技工人才培养比例、尝试开办技师班、积累高职办学经验、积蓄高职办学能力，直至完成"中高职贯通""培训与学历教育""开放教育与全日制教育衔接"的江苏省海安职业技术学院建设。

建立健全多元政府绩效评估机制和科学规范的评价体系，建立了较为完善职教师资准入、退出、激励和培养培训等管理制度：建有职教师资准入"七个必考"制度，建有职教名师评选、"名师工作室"考评制度、职业技能培训就业指导教师下厂（场）锻炼制度等。

重视职教师资队伍建设，但在师资数量补充和结构调整方面、师资质量方面还需要更多的重视和政策的倾斜。在推动企业和职业院校的人员交流互换方面，地方政府尚缺乏专门的引导性的政策未能形成有效地运行约束和激励的机制。

实现专家办职教、管职教，保障职教发展方向、职教办学特色，学校校长选配、主管部门领导选任很重要，对职业教育管理者和领导者的专业背景、专业性和能力的考核、评价很重要。要打破校长任期制，要建立职业化的职教校长评估制度。职业教育有良好的服务形象，行政程序规范，操作严谨有序，公共服务社会化程度较高。能保证教育费附加用于职业教育，保持合理比例。

海安市积极争取各级、各类职业教育专项、建设试点、研究课题、合作共建、发展援助和优秀成果奖励等资金，拓展经费来源。对职业学校在土地、校舍、设备、物资等方面给予一定的投入和保障。受区域经济总量、社会对职业教育认识的限制，人们更关注学校硬件如校舍的建设，而对软件的投入往往会忽视，在实训条件的改善方面尚需更多的扶持。

在加快教育信息基础设施建设，强化现代信息技术应用方面，本地总体上有很大的进步，基本达到教育现代化评估标准，但在职教的应用性、实效性重点性方面尚有努力发展的空间。

在推进校企合作、工学结合，调动企业在产学合作和服务职教中的积极性方面尚存在职教"一头热"的问题，这也是各地存在普遍的问题，从国家到地方主管部门，应制定强制性、引导性、激励性的配套制度和政策以促进上述问题的解决。

目前在支持学校在企业建立满足学生专业实践的基地方面，地方主管部门和学校作了很大的努力。但企业积极性尚需提高，上级主管部门应将支持学校在企业建立满足学生专业实践的基地方面的要求作为明星企业评估、企业升级考核的重要依据。

在努力创建校园及周边的安全环境方面本地做得很不错，平安校园、长安校园、和谐校园工作抓得很实在。

本地重视引导社会舆论，为职业教育积极造势，提高职业教育在各类教育中的地位和在民众中的认知度和认可度。在提高技能人才的社会地位、提高职教教师的地位、创建尊重劳动和重劳动者的社会风气方面，除了职教人需要在自身方面多作努力外，政府还需要在政策倾斜的引领上下功夫、出实招。创新现代职业文化，应是社会共同关注的问题，将企业文化引进校园，需要学校主动，但更需要企业有社会责任感，积极参与和支持。本地设有教育督导室、教育行政监察室有行风监督测评制度，有健全的教育行政监察工作领导监督工作机制。廉政监察有力，政风行风建设措施实在，防范治理腐败网络健全。这一切保障了执法监督、政令畅通，防范了财务风险，提高了现有教育资源使用效益。

本地设有教育督导室、教育行政监察室有行风监督测评制度，有健全的教育行政监察工作领导监督工作机制。廉政监察有力，政风行风建设措施实在，防范治理腐败网络健全。这一切保障了执法监督、政令畅通，防范了财务风险，提高了现有教育资源使用效益。

推进资源集约化办学，服务地方经济新发展。海安职业学校紧贴市场设置与产业结构调整相吻合的专业，建设集产、学、研等多功能于一体的现代示范基地，充分发挥了区域引领作用。进一步推进职业教育集约化和集团化办学模式的发展，培养"特长＋合格"的技能型人才，为经济社会发展提供了强有力的人力资源支撑。

（本节主笔：江苏省海安职教园区吴如林，协助：徐媛媛）

第四节　太仓：职业教育发展的国际化

为了更好地开展职业教育工作，太仓成功地进行了中德"双元制"教育本土化实践，在省内外有较高的知名度，依托"德企之乡"和沿江优势，建成了国家商务部和德国经济部联合授予的"中德企业合作示范基地"。通过了工信部"中德中小企业发展合作示范区"规范评估，投资近9亿建设公办性质的健雄职业技术学院，形成中、高职协调发展的新格局，为地方经济社会建设提供了人力和智力支撑。

根据长三角经济结构和产业特点，太仓始终努力构建与经济社会发展相适应，中、高职相衔接，职业教育与普通教育协调发展的现代职业教育体系。通过优化专业结构，增强服务地方经济能力，认真开展职业教育专业结构与产业结构吻合度调研，对毕业学生的跟踪分析，与企业"面对面"，使职业教育更贴近企业岗位需求与技能、用人需求，与企业合作办学，聘请企业高级人才担任"咨询师"和"讲师"，进一步增强职业教育服务经济社会的能力与水平。

为了全面贯彻各级政府关于大力发展职业教育的决定精神，将职业教育列入社会经济发展总体规划，由教育局牵头，社会各方参与，上下联动建立长效工作机制，建立教育联席会议制度，将重点工作、项目分解到各镇区、各部门，作为领导干部的政绩考核重要内容。

为此，太仓市职业教育联席会议定期召开，研究解决职业教育发展的重大问题，健全政校企联动机制。教育行政部门科学制订每年的高中阶段招生计划和政策，保证普职比大体相当，完善来太务工人员子女平等接受中职教育制度。按照教育中长期规划合理配置职业教育资源。由市委组织部按照干部任免的程序及组织纪律，做好领导干部的任免工作。由市教育局协同市委组织部做好对职业院校的机构设置及调整工作。

本着认真贯彻执行党和国家的教育方针、政策，大力发展职业教育的原则，太仓市出台了《关于大力发展职业教育的决定》，制订了太仓市创建江苏省职业教育创新发展实验区的实验方案，并积极创造条件，确保省太仓中专建成国家中职改革发展示范学校、健雄职业技术学院建成省级示范性高职院，实现职教优质资源共享，协调发展。

同时，太仓市还建立了毕业生就业质量跟踪调查制度，健全学校、家庭、企业、社会综合评价制度。根据产业结构，及时调整专业，推进深层改革，促进职业教育服务产业转型升级能力，实现中、高职学籍互通、一体化办学。2012 年秋季，试点开展招收 120 名模具、电子 2 个专业的初中学生进行"3＋2"的学习试点工作，与人社局、民政局合作，加强职前职后培训，更好地促进百姓就业。并定期召开联席会议。研究解决职业教育重大问题，明确各部门职责，落实责任，制定促进政校企合作相关制度，鼓励行业企业深度参与职业院校人才培养过程，成立由教育、发展改革、财政、农业、商务、科技、人社、经信委等部门，主要行业协会和骨干企业、中、高职院校组成的太仓市校企联盟，开展各种形式的合作办学，完善运行机制，提高人才培养的针对性和实效性。

"服务转型升级，服务师生发展"始终是太仓的宗旨，紧紧围绕率先实现高职现代化战略目标，抓质量、增活力，提升服务能力和水平，积极完善考核评价制度，健全由政府、企业、学校及社会参与的教育质量评价机制，以贡献水平评价学校的评价标准。

根据职业教育的特点，太仓合理核定了职业学校教职工编制，适当开放职业学校面向社会招聘优秀人才的通道，优化专业教师结构，制定《太仓市中等职业学校教学质量综合评估方案》。聘请企业教学咨询师和兼职教师，市教育局主要领导为原省太中专的校领导，后续组织部工作多年，且担任教育局局长，对职业教育管理工作非常熟悉。

太仓的教育费附加，适度优先安排中职发展，逐步实行中职教育免费的制度，使得公费经费人均 4200 多元，高于省定标准，安排专项经费、配套经费用于实训基地建设，增加教师培训专项经费；与企业、民政局、人社局、合作建设实训基地，实现多方合作共赢。加强法治工作，确保校园及周边环境安全。

为确保职业教育适度超前发展、协调发展，更好服务于地方经济建设，太仓市政府投资近 9 亿元建设公办性质的健雄职业技术学院，二期投资 3 亿元建设"4 个配套服务中心"，投资 1700 万元建设中职服务特色中心。另拟投资3.12 亿元建设省太仓中专港城校园，同时与德企加强合作，共建技术工人培训中心，实现互利双赢。

太仓市定期在各类媒体上开展宣传，特别是"双元制"教育本土化实践的成果与成效，通过设立专项基金，评选"太仓市十大技能明星"，弘扬尊重劳动、尊重技能的良好社会风气。以德企为主，加强企业文化进校园宣传，树立良好的职业精神，建设大学生免费创业园及创业孵化基地，开展针对年轻人的就业指导工作。

太仓市始终贯彻加大廉政机制建设，完善重点领域和关键环节的管理制度；签订《廉政建设责任书》，落实"一岗双责"要求；规范领导干部离任审计，防范财务风险；加强行风建设，开展警示教育，聘请社会行风监督员，提高效能建设。

省、市对教育工作定期督导。每年对教育目标完成情况进行各级考核。制定《中等职业学校教学质量综合评估办法》，加强学校办学水平考核，市委组织部、市教育局对学校主要领导进行领导干部年度考核，开展民主测评及民主座谈，加强班子建设。

为此，市政府成立太仓教育联席会议制度，印发《关于教育优先发展问责制和完善对镇区党政领导干部履行教育工作考核制度的通知》，健全教育工作问责机制。通过"进社区、进家庭""走百户、访千企"活动，充分了解社会、家庭、企业用人单位对职业教育的要求，结合太仓德企众多制造业人才需求较大的实际，加强与德国工商行会的协作，引进德国职业认证资格，实行毕业生"双证"制度，结合太仓港口经济，加强物流，服务外企，港口机械维修新专业的建设以及相关实训基地的设立，为地方经济转型升级提供人才支持。

太仓市通过定期召开的职业教育联席会议，认真学习职业教育法规和政策，研判国际国内职业教育发展趋势，针对本市实际情况，及时调整发展战略，牢牢占据发展制高点，学习兄弟县市成功经验。2011年5月，成功召开"首届苏派职教高层论坛"，吸收先进职教思想、理念与成功经验。根据太仓经济社会发展对职业技能人才的需求，建立了健雄职业技术学院，提供较高层次的职业人才，通过家庭回访、校企互动、行业协会合作，及时调整专业培养方向，深化合作，完善校企合作机制，及时修正（办学）人才培训目标，主动适应社会及企业、用人单位的用工标准与需求。

太仓进一步深化了"双元制"本土化教育实践，创新职业教育管理体制、办学体制，创新职业技能人才培养模式，推进深层改革，优化专业结构，创新服务形式，创新职业教育发展保障体系，实现优质资源共享，实现中、高职一体化发展。

太仓以"双元制"教育本土化实践为主线，促进了中、高职一体化优质、协调发展。省太中专的实践成果，"校企合作"成为全国样板；健雄职业技术学院的"双元制"人才培养模式研究成果获江苏省普通高校教育教学成果一等奖。

（本节主笔：太仓市教育局周鸿斌，协助：徐媛媛）

本章小结

地方政府对职业教育的领导力，突出表现在对所辖地区情势的准确判断，紧密联系当地实际，利用当地的独有优势办好职业教育，并有效提高职业教育对经济社会发展的贡献力。张家港的职业教育层级的高移化，高邮的城乡职业教育的一体化，海安的职业教育资源的集约化，太仓的职业教育发展的国际化，显示了江苏作为职教强省，在职业教育领导力方面表现出了优势。

第七章

地方政府职业教育领导力提升策略研究

党的十八大报告提出："要努力办好人民满意的教育"和"加强发展现代职业教育"的要求。贯彻落实到职业教育发展上，就是要加快建设中国特色现代职业教育体系，提高教育教学质量，"创新人才培养水平"，这对地方政府职业教育领导力提出了更高要求，同时又为地方职业教育领导者履行治理责任提供广阔的舞台。职业教育事业的积极、健康、可持续发展，需要地方政府职业教育领导的正确定位，合理规范，专业运作，科学高效，倾力而为，不断提升。

第一节　注重对地方政府职业教育领导者选任的专业性考察

主管职业教育的政府领导岗位是国家行政权力根据职责任务和工作需要而设置的，承担对职业学校和职业教育相关工作领导职责和管理任务的工作岗位。此项岗位不仅仅是一种职务，更重要的是一个专业性岗位。而在本研究的调查了解中发现目前地方政府领导者选拔、分工、换岗中，很少把职业教育作为一个专业来看待，一些政府部门领导不仅缺乏必要的教育工作经历，也不具备教育相关专业的背景，严重影响了对职业教育领导和管理的效能。

各地组织部门、人民代表大会和政府在选拔、任用、储备和培养职业教育领导者时，要高度重视专业性考察。本研究所开发的"地方政府职业教育领导力评价模型"可作为选拔主管职业教育的地方政府领导者的测评工具，以一、二级指标和"考查内容"为素材制成题库，进而抽取出试题，考察备选人对职业教育规律的认知，领导职业教育事业的素质和管理职业教育事务的能力。

一、对资历的考察

主管职业教育的政府领导者必须具备其专业性特征：系统的专业知识和技能、明确的专业发展路径、特定的专业面向、完备的专业组织和团队、独特的专业伦理和精神。因此，在选任时必须重视从业者职业教育方面的职前准备，必须要接受过系统的教育学专业教育，或通过5年或者更长时间的职前系统培养，并通过了任前学习、见习和磨合期。

二、对能力的考察

从已具备的专业知识和技能方面进行考察。从专业知识层面，一是政治理论知识；二是职业教育学科基本知识；三是管理学科知识；四是通识知识。从专业技能层面，一是沟通能力（语言、文字、信息处理）；二是指挥决策能力（指挥决策、资源配置、组织管理）；三是执行能力（政策领会、扩初设计、计划实施）；四是研究能力（提出设想、调查分析、反思调节）；五是创新能力（发现难题、集成知识、形成方案、成果评价）。

三、对潜力的考察

主要是从专业伦理层面进行考察。第一，被选任者要认同并践行马克思主义对于政府"公仆"属性的定位，有服务、奉献的理念，把为用人单位、教师、学生以及家长等服务、奉献作为最基本的价值观；第二，被选任者要有效率意识，作为国家权力结构组织的一部分，保证应有的效率是他的义务，不断提高效率是他的责任，职业教育发展需要的生源数量的保障，培养质量的提升，教育资源的统筹，社会力量的借重等，要靠高效率来实现；第三，被选任者要有强烈的创新精神，在一个充满变革的时代，在职业教育发展环境不利的背景下，领导者通过创新应对瞬息万变的挑战，破解职业教育难题的能力显得尤为重要。

（本节主笔：董存田，协助：朱军、徐媛媛）

第二节　提高对地方政府职业教育管理业绩考评的科学性

本研究力图引导被调查者着重从绩效的视角评价地方政府职业教育领导

力，从受访者举出的事实材料看出：教育局所提供的显示管理能力的依据以文件、规划、投入等"立项"式材料为主，职业学校则以招生、实习、就业等"成果"式事实为主；教育局更重视迁校、扩建、升格等大手笔，职业学校更看重培养质量、培养能力等细节。在对职业教育管理绩效的认识上存在的这种差异说明，地方政府职业教育领导力没有完全转化成实质的职业教育发展成果，也没有得到被领导者的完全认同。显然，提高对地方政府职业教育管理业绩考评的科学性，是提高地方政府职业教育领导力的重要途径。

应将"地方政府职业教育领导力评价模型"作为地方政府职业教育管理绩效的评价工具，供上级领导者或第三方评价机构使用，以二级指标为线索，要求被测评领导者（个体或团队）和相关方（职业学校、用人单位）提供事实依据，经认定和审计，对地方政府职业教育领导者个人或团队的职业教育管理绩效做以测评。注意，在不同发展水平地区和时段，各二级指标的权重须有所变动，并增加被考核者自证其绩的特色加分项，包括指标体系中未穷尽的事项，以及指标范围内，而被考核者有特别突出成就或创举。

一、实绩为主

在考评中要以实绩为导向，即要使地方政府职业教育领导力从为职业教育做出发展贡献中得以凸显。要全面检测地方政府及其领导者的行为和结果，重在结果。要充分考虑实绩的多因性、多维性、动态性和逻辑性。第一，实绩的多因性。不是简单地以指标测量、数字比较为依据，而是充分考虑行政环境、发展潜力、个体素质、历史积淀等因素的影响，引导地方政府领导者以实事求是的科学态度领导和管理职业教育事业，防止盲目攀比或浅尝辄止；第二，实绩的多维性。深入分析行为结果与行为时间和行为空间的关系，正确评价具体个人或团队在职业教育管理过程中任务完成情况、工作效率以及工作效益，驱使领导者因地制宜地开展工作，防止文过饰非，好大喜功；第三，实绩的动态性。实绩结构随着行政体制的改革、领导职能改变、管理的外部环境和评价取向的变化不断发生着改变，激励领导者与时俱进的开展工作，防止急功近利或固步自封；第四，实绩的逻辑性。对于职业教育发展中取得的成绩和不足，要从职业教育发展的事实真相出发，测量相关程度，分析因果关系，探究本质规律，鼓励领导者以科学的方法领导职业教育，防止张冠李戴或以偏概全。

二、内涵为重

职业教育的实绩可表达为四个层次，表层：政策、规划、"工程"等；浅层：校园、投资、升格等；深层：学生规模、就业质量、竞赛获奖等；内涵层：劳动者态度、技能、知识的积极改变。显然，考察地方政府职业教育领导力的最终标的物应是内涵，即对劳动者态度、技能、知识的积极改变的有效供给和积极影响。态度的积极改变：使更多的准劳动者积极应答劳动力市场对合格劳动力的需要，树立正确的择业观，选择职业教育；技能的积极改变：职业教育体系主动面向地区经济建设和社会发展，适应就业市场的实际需要，培养出生产、服务、管理第一线需要的实用人才；知识的积极改变：职业教育机构履行好职业教育法中规定的"全面提高受教育者的素质"的要求，要把职业教育办成保证健康、给人幸福、助人成功、使人高尚、激励进步的教育，才能为社会发展做出应有的贡献。

三、创新为要

在看重实绩，强调内涵的同时，还要进行归因分析，即成果的取得在多大程度上源于领导者的作为，尤其是领导者的创新。职业教育创新涉及教育理念、模式、制度等诸多层面的整体变革，是对地方政府领导者的重大考验，第一，创新意味着改变，由于领导者主动促成正向的、显效的改变，实现了推陈出新、气象万新、焕然一新；第二，创新意味着付出，因为惯性作用，没有外力是不可能有改变的，领导者在多大程度上成功地施加了这种外力；第三，创新意味着风险，从来都说一分耕耘一分收获，而创新的付出却可能收获失败的回报。一旦如是，领导者必须通过反思从创新过程和结果中汲取足够有益的经验。

（本节主笔：董存田，协助：崔伟、许悦）

第三节　强调专业咨询机构在职业教育领导与管理工作中的作用

本研究发现：对于当地职业教育领导力各项指标的评价，作为领导者一部分的教育局总是高于作为被管理者的中职业学校；在学校或教育局内的不同岗位上的人士所举证的事例也有不同，例如，教育局认为大手笔的扩建工程是增加教育投入的举措，校长则认为县级办高职是种别人田，教师则反应绩效工资越"绩"越少。因此认为，职业教育系统内部的评价是有误差的，所做的决策也可能有偏差，通过第三方机构的参与，提高地方政府领导者的决策水平和管理能力势在必行。

市级人民政府建立或委托高等学校、研究机构等组建职业教育咨询机构，令其以研究者的身份，就职业教育发展的总体状况或具体项目，对本级或县级职业教育领导者提供评价、论证、规划、咨询、预警意见。"地方政府职业教育领导力评价模型"可作为对职业教育领导和管理领域进行研究工作的测量工具，供研究者使用，将一、二级指标和"考察内容"作为职业教育领导力词典，在调研提纲或问卷制作时作为参照，其指标和权重作为多样本比较的量表。同时，要规范对第三方机构的管理，要有相应的资质、科学的方法和足够的精力投入，唯此才能对所承担的项目负责。

一、全面系统

项目承担机构应有能力并切实深入到项目区进行全面的调研，通过事件梳理、数据分析、多方意见搜集，掌握充足的、客观的事实资料；应具有对项目背景、案例、趋势的分析评价能力；应有对项目的科学原理、法律界限、社会认同、实施效果的判断能力。项目组的组成应包括职业教育学专家、行政管理学专家、统计测量学专家以及该项目涉及专业相关的专家组成。

二、公正中立

委托方要支持、监督、保证受委托方独立公正地进行工作，对所承担项目不预设结论，对项目中各相关方不带偏见；同时，项目组要以中立的、谦虚的态度，倾听不同声音，并从中找到进一步调查分析的课题；项目组在形成报告时，在陈明确切结论的同时，要注意反应有代表性的不同意见，以便为决策者提供更全面的信息。

三、因果推断

第三方提出的所有结论均应来自事实，即通过对项目中事件、数据的专业性分析作出的判断。而专业性判断的要义在于：在众多的反应行为与结果的事实材料中，解析出因果关系，评判其是否为最优化。所形成的结论报告必须附以研究方法、研究过程、研究样本等，以便经得起委托方或其再委托他人进行论证和审查。

（本节主笔：董存田，协助：朱军、徐媛媛）

第四节　加强对地方政府职业教育领导者的继续教育

实践证明，提高领导者素质和能力的重要途径是持续有效的培训。本研究调查发现，近年来国家和省加大了对校长等学校管理者和教师的培训，但对主管职业教育的地方政府领导者的培训存在着不足、不深、不切等问题，需要深化培训改革，提高培训质量。

可以"地方政府职业教育领导力评价模型"作为地方政府职业教育领导者职业教育的领导与管理能力提升"学习包"开发的框架，依据一、二级指标的线索开发出系列教材和课程，根据"分级分类分岗"和因材施教的原则，为具有不同背景，不同经验和不同资历的领导者确定不同的培训重点，切实提高不同培训人群的针对性。

一、任前：储备性培训

对于职业教育系统后备干部的培训，要紧紧围绕当代领导者所需的专业理论、公共政策、业务本领、管理能力、创新思维和创造力开发等内容设计培训方案。强调系统知识的储备，一是政治理论知识（马克思主义哲学、国家教育相关法律法规、国家教育发展规划、本区域职业教育发展的基本现状等）；二是学科专业知识：职业教育学科基本知识（职业教育学、职教教育心理学、职业教育管理学等）、职业教育社会学知识（包括教育行政学、教育法学、教育经济与管理、教育统计等）、管理学科知识（管理心理学、组织行为学、控制论、系统论等）、心理学知识（行为心理学、教育心理学等）；三是通识知识（包括必备的语言、法律、哲学等知识）。要通过蹲点见习、挂职锻炼和专题调研等方式，增加感性认识，引导学习研究，培养对职教事业的情感。

二、新任：补偿性培训

新提任或新分工主管职业教育的地方政府领导者，有着不同的经历，可以为方兴未艾的职业教育改革发展拓展视野，输送新知，激发活力，同时也必然会有短板。木桶理论告诉我们，组织的发展首要解决的不是其最大的优势，而是要解决最大的薄弱环节，培训就是弥补组织的薄弱之处，这些薄弱之处可能是知识、技能或职业精神等，专业培训是新任领导者适应新环境的重要途径。

有行政领导（党政或经济）背景的新任领导者往往视野开阔，目光敏锐，领导素质高，管理能力强，易于发现职业教育系统的痼疾，易于从新的视角观察职业教育现象，易于调动更多的资源用于职业教育，但他们往往对职业教育的理论和方法不熟悉，对职业教育的实际困难估计不足，对职业教育发展的规律把握不准，要为他们补偿区域职业教育发展的基本现状、职业教育学科基本知识、职业教育社会学知识等，组织专题调研、案例分析等。有普通教育（基础教育或普通高等教育）背景的新任领导者往往知识储备充分，基本素质优良，熟悉教育情况，但也可能有以普教论职教的偏颇认识，或有对职业教育所面对的经济社会不了解的视野局限，或在宏观把握、资源调动方面的能力不足，要为他们补偿财政、人口、劳动、就业、经济等政策法规，发展改革、经贸、财政、农业、人事、劳动与社会保障等部门工作的规律，领导科学的理论与方法等，组织他们进行人力资源、劳动就业、实践教学方面的专题研究。有职业教育实务（职教管理或职教研究）背景的新任领导者往往通晓职业教育理论和政策，拥有职业教育改革发展案例，熟知本地职业教育的优势和障碍，但可能漠视职业教育系统的痼疾，不善于从新的视角观察职业教育现象，或在宏观把握、资源调动方面的能力不足，要为他们补偿领导科学的理论与方法，经济、社会、文化等宏观领域的政策法规，组织他们对政治、经济、社会、文化等宏观课题的调查研究。

三、任内：提高性培训

在岗的地方政府职业教育领导者也需要持续的专业培训以适应新的变化。职业教育管理是一种管理实践，不仅需要专门的知识和技能，需要更广泛的企业、职业学校等人脉资源，更需要丰富的管理实践经验，以及对这些经验的反思。这些经验和反思是领导者个人和团队的宝贵财富，也是职业教育事业的宝贵资源。但个体习得的和琐碎的积累不能直接促成领导者的专业化，专业培训则是通向专业化的一条有效途径。要加强对有一定资历和成就的领导者的培训，使他们成为职业教育领域领导者的精英，也把他们宝贵的经验积累提升到理性层面，用以丰富职业教育领导科学理论。在培训中要组织他们进行现代职业教育发展动态的跟踪，进行职业教育领导与管理重大案例的分析，进行职业教育政策研讨，进行职业教育领导课题的研究，形成有形的成果。

（本节主笔：董存田，协助：朱军、徐媛媛）

第五节　突出地方政府职业教育领导者的自主提升

在知识爆炸、经济发展、教育变革的大背景下，地方政府领导者对职业教育领导与管理能力的提升，最终还是要凭借其自主性。尽管在本研究中强调领导者是一个群体，但群体是由个体组成的，群体能力是个体能力的集合，个体能力的提升是整体能力提升的前提。

要以专业性选拔和胜任力考核为推动力，在领导者中倡导终身学习的理念，使他们长期不懈地注重改善自身知识结构，提高知识水平和行政能力。把"地方政府职业教育领导力评价模型"作为引导领导者个人或团队学习研读，专项调查，积累经验，发现问题，形成策略，提高效率线索。

一、契合职业教育领导的专业学习

要在领导者中形成学习、研究的好风气，学习职业教育法律法规和政策，持续地关注和学习国内、外职业教育的成熟经验、优秀成果和高效做法，探求职业教育的新发展新特点。以理性的精神、科学的态度和民主的方法，去倾听不同的教育思想、主张、意见。以便适应环境的变化，不断地吸收、处理外界信息，洞察环境变化，及时博采众长，超前应对。

二、基于职业教育实践的客观反思

要建立反思自纠制度，形成自我批评风气，定期对管理中得失做出客观评判，发现问题及时予以纠正。自觉接受监督，倾听来自基层的意见，征求系统外部反应，求助专家指导。在社会经济发展环境发生改变，法律、政策发生变化，或教育资源、能力出现变动时，妥善应对。通过自我评价，自行反思，实现自主提升。

三、深入职业教育实际的调查研究

要养成深入基层的工作习惯，重视现场调研，了解一线教育工作者、学生和毕业生，及其学生家长对职业教育政策、法律和其实施效果的真实看法。系统持续地采用调查、统计、分析手段，明晰本区域职业教育发展的真相和规律。拥有充足的毕业生就业、适应岗位要求和职业发展情况的事实资料。

（本节主笔：董存田，协助：崔伟、许悦）

本章小结

在选拔主管职业教育的地方领导者时要注重个体胜任力的考评；在继续教育（培训与自修）中要根据木桶理论，按照"分级分类分岗"和因材施教的原则，具有不同背景，不同经验和不同资历的领导者个人，分别设计储备性、补偿性和提高性学习策略。

对地方政府职业教育领导者的职业教育领导与管理能力的判断，要基于对其管理实绩科学考评，在考评中既要依据"模型"的同一性尺度，又要看重被考核者有特别突出成就或创举；既要重视职业教育领导者的专业性要求，又要强调他们超越职业教育领域的宏观视野。

地方政府职业教育领导者职业教育领导与管理能力的提升，除了通过职业教育系统内部上下级之间、领导者与被领导者之间的互动督促之外，还要重视第三方咨询机构的作用，他们需用全面系统的方法，以公正中立的态度，凭精确地因果推断，提供评价、论证、规划、咨询、预警意见。同时，也要凭借领导者契合职业教育领导的专业学习；基于职业教育实践的客观反思；深入职业教育实际的调查研究。

参考文献

[1] 问题入手　突出创新　重在行动　务求实效——教育部职成司有关负责人解读中职改革创新行动计划 [J]. 中国职业技术教育, 2011 (1): 85-86.

[2] 蓝洁. 职业教育治理体系与治理能力现代化的框架 [J]. 中国职业技术教育, 2014 (20): 9-13.

[3] 庄西真. 地方政府职业教育管理制度创新分析 [J]. 河北师范大学学报, 2008 (5): 94-99.

[4] 史慧武. 我国职业教育管理中政府职能研究 [D]. 天津大学职教学院, 2006.

[5] 李希贵. 36天我的美国教育之旅 [M]. 上海: 华东师范大学出版社, 2006.

[6] 赵中建. 谁来做教育领导——美国近来关于教育领导问题的讨论 [J]. 河南教育 (基教版), 2000 (9): 10-11.

[7] 从春侠. 教育行政管理人员专业化路径研究 [J]. 教育发展研究, 2009 (6): 17-21.

[8] 从春侠. 谁来当教育局长 [J]. 中小学管理, 2008 (9): 22.

[9] 胡伶. 地方教育行政职能现状的实证研究 [J], 教育理论与实践, 2011.

[10] [美] 苏珊·莫尔·约翰逊. 21世纪教育局长 [J]. 李军, 编译. 教学与管理, 2003 (1.1): 12-13.

[11] 李希贵. 美国教育局长的标准 [J]. 湖南教育 (教育综合), 2008 (2): 45.

[12] 李森. 中西领导学研究之差异 [J]. 领导科学, 2007 (24): 62-63.

[13] Schultz, T. W. Investment in Human Capital [J]. American Economic Review, 1961, 51 (1): 1-17.

[14] 从春侠. 教育局长的胜任力构建与提升 [J]. 基础教育参考, 2010 (5): 4-6.

[15] 王罡. 行政管理能力的六项要求 [J]. 湖北教育, 2006 (时评新闻).

[16] 王明杰, 郑一山. 西方人力资本理论研究综述 [J]. 中国行政管理, 2006 (8): 92-95.

[17] 许勋恩. 论我国教育行政领导专业化之路 [J]. 理论探讨, 2009 (2): 7-9.

[18] 孟艳艳. 论建立有限政府的必要性 [J]. 法制与社会, 2011 (02下): 157.

[19] 王一涛, 安民. "教育是公共产品"吗? [J]. 复旦教育论坛, 2004 (2): 37.

[20] 安东尼·B. 阿特金森, 斯蒂格里茨. 公共经济学 [M]. 蔡江南, 等, 译. 上海: 上海三联书店, 1992: 637.

[21] [德] 康德. 历史理性批判文集 [M]. 何兆武, 译. 北京: 商务印书馆, 1990: 139.

[22] 冯建军. 教育公正与政府责任 [J]. 教育发展研究, 2008 (9): 30, 33, 34.

[23] 褚宏启, 杨海燕. 教育公平的原则及其政策含义 [J]. 教育研究, 2008 (1): 10, 13.

[24] 杨晓霞. 教育公益性的重新解读 [J]. 中国教育学刊, 2002 (5): 11, 12.

[25] 劳凯生. 面临挑战的教育公益性 [J]. 教育研究, 2003 (2): 4.

[26] 蒲蕊. 公共利益: 教育体制改革的基本价值取向 [J]. 教育理论与实验, 2007 (1): 36.

[27] [美] 斯蒂格利茨. 经济学 [M]. 梁小民, 黄险峰, 译. 北京: 中国人民大学出版社, 2000: 130.

[28] 盛冰. 转型时期政府的教育公平责任及其边界 [J]. 教育研究, 2007 (3): 63.

[29] [美] 杰里·加斯顿. 科学的社会运行 [M]. 顾昕, 等, 译. 北京: 光明日报出版社, 1988 (译者前言): 3.

[30] 黄兴华. 我国正在举办世界上最大规模的职业教育 [EB/OL]. http://news.qq.com/a/20090423/000694.htm, 2009-04-23.

[31] 申家龙. 政府的职责是什么——学校职业教育应该教什么之十一 [J]. 职教论坛, 2010 (15): 66-67.

[32] 王鑫. 构建地方政府绩效评估指标体系的原则 [J]. 党政论坛, 2012 (10): 31-32.

[33] 张武扬. 试论政府法制工作人员职业制度创新 [J]. 国家行政学院学院学报, 2004 (4): 56.